Tout sur les Réseaux et Internet

CommentCaMarche.net
L'encyclopédie pratique de l'informatique

Jean-François Pillou

Tout sur les Réseaux et Internet

DUNOD

Je dédie toutes mes plus belles pensées pour Carine, la femme de ma vie, qui égaye mes journées tel un rayon de soleil et représente ma plus grande source d'inspiration !

Illustration de couverture : Jean-François Pillou
avec l'aimable autorisation de Vincent Pontier

Maquette de couverture : MATEO

ISBN 2 10 050277 8

Table
des matières

Avant-propos

Autrefois réservés aux seules entreprises, les réseaux touchent aujourd'hui tous les utilisateurs d'ordinateurs, en particulier ceux connectés à Internet. Les réseaux permettent d'accéder à d'innombrables fonctionnalités, telles que le partage de ressources, le jeu en réseau, le partage de fichiers, ainsi qu'à un volume d'informations sans précédent avec l'interconnexion des réseaux *via* Internet.

S'il est très facile de se connecter à Internet, le partage de ressources (partage de la connexion par exemple) ou la mise en place d'un réseau sans fil sécurisé nécessitent un certain nombre de compétences et de connaissances préalables.

Le but de cet ouvrage est de faire un point sur les différentes notions à connaître pour être en mesure de monter un réseau performant et sécurisé en connaissance de cause et indépendamment du système d'exploitation utilisé (Windows, Mac OS ou Linux). Les notions présentées pourront également permettre au lecteur d'acquérir une culture générale sur les réseaux et de pouvoir comprendre les discussions sur ce sujet, notamment dans un contexte professionnel.

Initiation aux réseaux

Concept de réseau

Un **réseau** est un ensemble d'objets interconnectés les uns avec les autres. Il permet de faire circuler des éléments entre chacun de ces objets selon des règles bien définies.

Selon le type d'objets, on parlera parfois de :

- **Réseau de transport** : ensemble d'infrastructures et de disposition permettant de transporter des personnes et des biens entre plusieurs zones géographiques.
- **Réseau téléphonique** : infrastructure permettant de faire circuler la voix entre plusieurs postes téléphoniques.
- **Réseau de neurones** : ensemble de cellules interconnectées entre elles.
- **Réseau de malfaiteurs** : ensemble d'escrocs qui sont en contact les uns avec les autres (un escroc en cache généralement un autre !)
- **Réseau informatique** : ensemble d'ordinateurs reliés entre eux grâce à des lignes physiques et échangeant des informations sous forme de données numériques (des valeurs binaires, c'est-à-dire codées sous forme de signaux pouvant prendre deux valeurs : 0 et 1).

Le présent ouvrage s'intéressera bien évidemment aux réseaux informatiques.

Il n'existe pas un seul type de réseaux, car historiquement il existe des types d'ordinateurs différents, communiquant selon des langages divers et variés. De plus, les supports physiques de transmission les reliant peuvent être très hétérogènes, que ce soit au niveau du transfert de données (circulation de données sous forme d'impulsions électriques, sous forme de lumière ou bien sous forme d'ondes électromagnétiques) ou bien au niveau du type de support (lignes en cuivres, en câble coaxial, en fibre optique...).

Les différents chapitres suivants s'attacheront à décrire les caractéristiques des supports physiques des transmissions, ainsi que la manière dont les données transitent sur le réseau.

À savoir

Réseau (*network*) : c'est l'ensemble des ordinateurs et périphériques connectés les uns aux autres. Deux ordinateurs connectés constituent déjà un réseau.

Mise en réseau (*networking*) : c'est la mise en œuvre des outils et des tâches permettant de relier des ordinateurs afin qu'ils puissent partager des ressources.

Intérêt d'un réseau

Un **ordinateur** est une machine permettant de manipuler des données. L'homme, en tant qu'être communiquant, a rapidement compris l'intérêt qu'il pouvait y avoir à relier ces ordinateurs entre eux afin de pouvoir échanger des informations.

Un réseau informatique peut servir plusieurs buts distincts :

- Le partage de ressources (fichiers, applications ou matériels).
- La communication entre personnes (courrier électronique, discussion en direct, etc.).
- La communication entre processus (entre des machines industrielles par exemple).
- La garantie de l'unicité de l'information (bases de données).
- Le jeu vidéo multijoueurs.

Les réseaux permettent aussi de standardiser les applications, on parle généralement de **groupware**. Par exemple, la messagerie électronique et les agendas de groupe qui permettent de communiquer plus efficacement et plus rapidement.

Voici les avantages qu'offrent de tels systèmes :

- diminution des coûts grâce aux partages des données et des périphériques,
- standardisation des applications,
- accès aux données en temps utile,
- communication et organisation plus efficace.

Aujourd'hui, la tendance est au développement vers des **réseaux étendus** (WAN) déployés à l'échelle du pays, voire à l'échelle mondiale. Ainsi, les intérêts sont multiples, que ce soit pour une entreprise ou pour un particulier.

Topologie d'un réseau

Un réseau informatique est constitué d'ordinateurs reliés entre eux grâce à des lignes de communication (câbles réseaux, liaisons sans fil, etc.) et des éléments matériels (cartes réseau, ainsi que d'autres équipements permettant d'assurer la bonne circulation des données). L'arrangement physique, c'est-à-dire la configuration spatiale du réseau est appelé **topologie physique**. On distingue généralement les topologies suivantes :

- la topologie en bus,
- la topologie en étoile,
- la topologie en anneau,
- la topologie en arbre,
- la topologie maillée.

La **topologie logique**, par opposition à la topologie physique, représente la façon dont les données transitent dans les lignes de communication. Les topologies logiques les plus courantes sont Ethernet, Token Ring et FDDI.

Topologie en bus

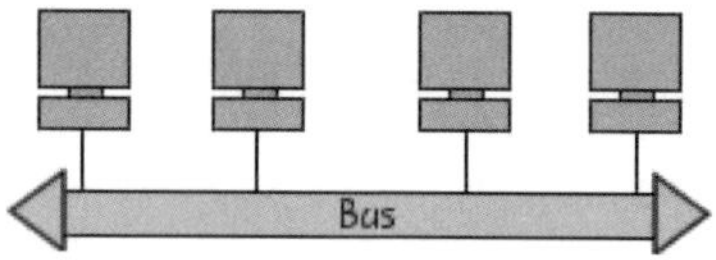

Une **topologie en bus** est l'organisation la plus simple d'un réseau. En effet, dans une topologie en bus tous les ordinateurs sont reliés à une même ligne de transmission par l'intermédiaire de câbles, généralement de type coaxial. Le mot « bus » désigne la ligne physique qui relie les machines du réseau.

Cette topologie a pour avantage d'être facile à mettre en œuvre et de posséder un fonctionnement simple. En revanche, elle est extrêmement vulnérable étant donné que si l'une des connexions est défectueuse, l'ensemble du réseau en est affecté.

Topologie en étoile

Dans une **topologie en étoile**, les ordinateurs du réseau sont reliés à un système matériel central appelé **concentrateur** (*hub*, littéralement *moyen de roue*). Il s'agit d'une boîte comprenant un certain nombre de jonctions auxquelles il est possible de raccorder les câbles réseau en provenance des ordinateurs. Le concentrateur a pour rôle d'assurer la communication entre les différentes jonctions.

Contrairement aux réseaux construits sur une topologie en bus, les réseaux suivant une topologie en étoile sont beaucoup moins vulnérables car une des connexions peut être débranchée sans paralyser le reste du réseau. Le point névralgique de ce réseau est le concentrateur, car sans lui plus aucune communication entre les ordinateurs du réseau n'est possible.

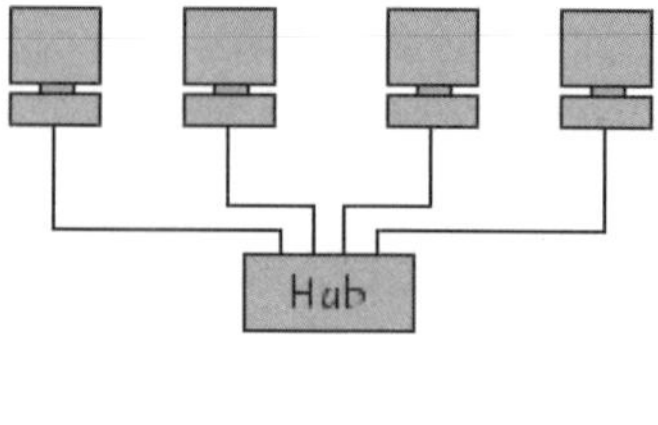

En revanche, un réseau à topologie en étoile est plus onéreux qu'un réseau à topologie en bus car un matériel supplémentaire est nécessaire (le concentrateur).

Topologie en anneau

Dans un réseau possédant une **topologie en anneau**, les ordinateurs sont situés sur une boucle et communiquent chacun à leur tour.

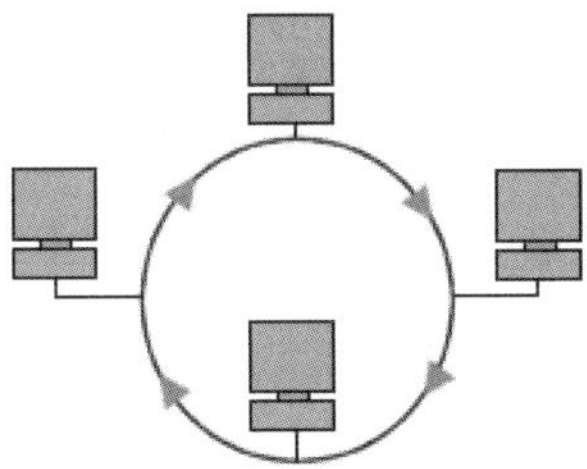

En réalité, dans une topologie anneau, les ordinateurs ne sont pas reliés en boucle, mais sont reliés à un **répartiteur** (MAU, *Multistation Access Unit*) qui va gérer la communication entre les ordinateurs qui lui sont reliés en impartissant, à chacun d'entre eux, un « temps de parole ».

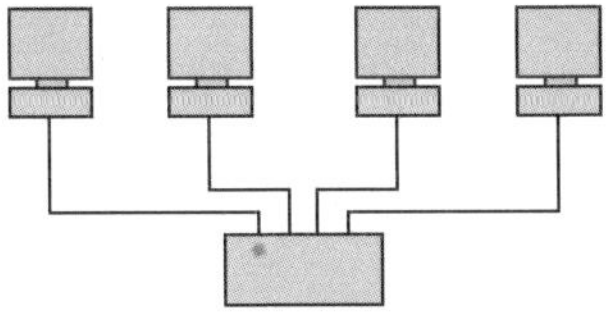

Les deux principales topologies logiques utilisant cette topologie physique sont Token Ring (anneau à jeton) et FDDI.

Architectures réseaux

En élargissant le contexte de la définition du réseau aux services qu'il apporte, il est possible de distinguer deux modes de fonctionnement :

- **l'architecture d'égal à égal** (*peer to peer*, parfois appelée « poste à poste »), dans lequel il n'y a pas d'ordinateur central et chaque ordinateur joue un rôle similaire,
- **l'architecture de type client-serveur**, où un ordinateur (serveur) fournit des services réseau aux ordinateurs clients.

Architecture d'égal à égal

Dans une architecture d'**égal à égal** (ou *poste à poste*), contrairement à une architecture de réseau de type client-serveur, il n'y a pas de serveur dédié. Ainsi chaque ordinateur dans un tel réseau est un peu serveur et un peu client. Cela signifie que chacun des ordinateurs du réseau est libre de partager ses ressources. Un ordinateur relié à une imprimante pourra donc éventuellement la partager afin que tous les autres ordinateurs puissent y accéder *via* le réseau.

❑ Inconvénients

Les réseaux d'égal à égal ont énormément d'inconvénients :

- ce système n'est pas du tout centralisé, ce qui le rend très difficile à administrer,
- la sécurité est très peu présente,
- aucun maillon du système n'est fiable.

Ainsi, les réseaux d'égal à égal ne sont valables que pour un petit nombre d'ordinateurs (généralement une dizaine), et pour des applications ne nécessitant pas une grande sécurité (il est donc déconseillé pour un réseau professionnel avec des données sensibles).

❑ Avantages

L'architecture d'égal à égal a tout de même quelques avantages parmi lesquels :

- **un coût réduit** (les coûts engendrés par un tel réseau sont le matériel, les câbles et la maintenance),
- **une simplicité** à toute épreuve !

❑ Mise en œuvre d'un réseau poste à poste

Les **réseaux poste à poste** ne nécessitent pas les mêmes niveaux de performance et de sécurité que les logiciels réseaux pour serveurs dédiés. On peut donc utiliser les différentes versions de Windows car tous ces systèmes d'exploitation intègrent toutes les fonctionnalités du réseau poste à poste.

La mise en œuvre d'une telle architecture réseau repose sur des solutions standards :

- placer les ordinateurs sur le bureau des utilisateurs,
- chaque utilisateur est son propre administrateur et planifie lui-même sa sécurité,
- pour les connexions, on utilise un système de câblage simple et apparent.

Il s'agit généralement d'une solution satisfaisante pour des environnements ayant les caractéristiques suivantes :

- moins de 10 utilisateurs,
- tous les utilisateurs sont situés dans une même zone géographique,
- la sécurité n'est pas un problème crucial,
- ni l'entreprise ni le réseau ne sont susceptibles d'évoluer de manière significative dans un proche avenir.

❑ Administration d'un réseau poste à poste

On désigne par le terme **administration** :

- la gestion des utilisateurs et de la sécurité,
- la mise à disposition des ressources,
- la maintenance des applications et des données,
- l'installation et la mise à niveau des logiciels utilisateurs.

Dans un réseau poste à poste typique, il n'y a pas d'administrateur. Chaque utilisateur administre son propre poste. Tous les utilisateurs peuvent partager leurs ressources comme ils le souhaitent (données dans des répertoires partagés, imprimantes, etc.).

❑ Notions de sécurité

La politique de **sécurité minimale** consiste à mettre un mot de passe à une ressource. Les utilisateurs d'un réseau poste à poste définissent leur propre sécurité et, comme tous les partages peuvent exister sur tous les ordinateurs, il est difficile de mettre en œuvre un contrôle centralisé. Ceci pose également un problème de sécurité globale du réseau car certains utilisateurs ne sécurisent pas du tout leurs ressources.

Architecture client/serveur

De nombreuses applications fonctionnent selon un environnement client-serveur, cela signifie que des **machines clientes** (des machines faisant partie du réseau) contactent un **serveur**, une machine généralement très puissante en terme de capacités d'entrée-sortie, qui leur fournit des **services**. Ces services sont des programmes fournissant des données telles que l'heure, des fichiers, une connexion...

Les services sont exploités par des programmes, appelés **programmes clients**, s'exécutant sur les machines clientes. On parle ainsi de client FTP, client de messagerie... lorsque l'on désigne un programme, tournant sur une machine cliente, capable de traiter des informations qu'il récupère auprès du serveur (dans le cas du client FTP il s'agit de fichiers, tandis que pour le client messagerie il s'agit de courrier électronique).

Dans un environnement purement client/serveur, les ordinateurs du réseau (les clients) ne peuvent voir que le serveur, c'est un des principaux atouts de ce modèle.

❑ Avantages

Le modèle client/serveur est particulièrement recommandé pour des réseaux nécessitant un grand niveau de fiabilité, ses principaux atouts sont :

- **des ressources centralisées** : étant donné que le serveur est au centre du réseau, il peut gérer des ressources communes à tous les utilisateurs, comme par exemple une base de données centralisée, afin d'éviter les problèmes de redondance et de contradiction ;
- **une meilleure sécurité** : car le nombre de points d'entrée permettant l'accès aux données est moins important ;
- **une administration au niveau serveur** : les clients ayant peu d'importance dans ce modèle, ils ont moins besoin d'être administrés ;
- **un réseau évolutif** : grâce à cette architecture il est possible de supprimer ou de rajouter des clients sans perturber le fonctionnement du réseau et sans modifications majeures.

❑ Inconvénients

L'architecture client/serveur a tout de même quelques lacunes parmi lesquelles :

- **un coût élevé** : dû à la technicité du serveur ;

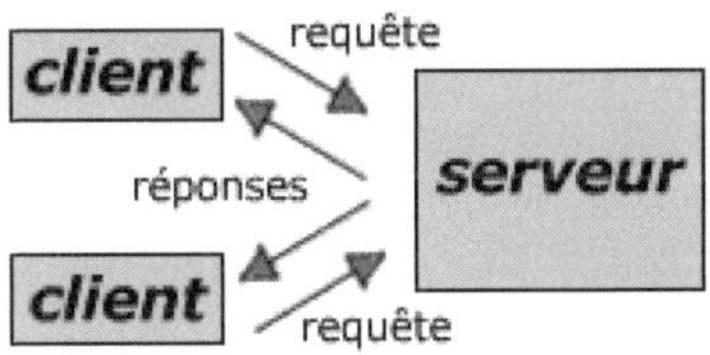

- **un maillon faible** : le serveur est le seul maillon faible du réseau client/serveur, étant donné que tout le réseau est architecturé autour de lui ! Heureusement, le serveur a une grande tolérance aux pannes (notamment grâce au système RAID).

❑ Fonctionnement d'un système client/serveur

Un système client/serveur fonctionne selon le schéma suivant :

- Le client émet une requête vers le serveur grâce à son adresse et le port qui désigne un service particulier du serveur.
- Le serveur reçoit la demande et répond à l'aide de l'adresse de la machine client et son port.

Familles de réseaux

On distingue différents types de réseaux selon leur taille (en terme de nombre de machines), leur vitesse de transfert des données ainsi que leur étendue. On définit généralement les catégories de réseaux suivantes :

- **Réseaux personnels** ou PAN (*Personal Area Network*).
- **Réseaux locaux** ou LAN (*Local Area Network*).
- **Réseaux métropolitains** ou MAN (*Metropolitan Area Network*).
- **Réseaux étendus** ou WAN (*Wide Area Network*).

Il existe d'autres types de réseaux tels que les **TAN** (*Tiny Area Network*) identiques aux LAN mais moins étendus (deux à trois machines) ou les **CAN** (*Campus Area Network*) identiques au MAN avec une bande passante maximale entre tous les LAN du réseau.

Réseaux locaux (LAN)

Un réseau local (**LAN**, *Local Area Network*) désigne un ensemble d'ordinateurs appartenant à une même organisation et reliés entre eux dans une petite aire géographique par un réseau, souvent à l'aide d'une même technologie (la plus répandue étant Ethernet).

Un réseau local est donc un réseau sous sa forme la plus simple. La vitesse de transfert de données d'un réseau local peut s'échelonner entre 10 Mbps (pour un réseau Ethernet standard) à 1 Gbps (Gigabit Ethernet par exemple). La taille d'un réseau local peut atteindre jusqu'à 100 voire 1 000 machines.

En élargissant le contexte de la définition aux services qu'apporte le réseau local, il est possible de distinguer deux modes de fonctionnement :

- dans un environnement **d'égal à égal** (*peer to peer*), dans lequel il n'y a pas d'ordinateur central et chaque ordinateur a un rôle similaire ;
- dans un environnement **client/serveur**, dans lequel un ordinateur central fournit des services réseau aux utilisateurs.

Réseaux métropolitains (MAN)

Les réseaux métropolitains (**MAN**, *Metropolitan Area Network*) interconnectent plusieurs réseaux locaux géographiquement proches (au maximum quelques dizaines de kilomètres) avec un débit important. Ainsi, un réseau métropolitain permet à deux machines distantes de communiquer comme si elles faisaient partie d'un même réseau local.

Un MAN est formé d'équipements réseau interconnectés par des liens hauts débits (en général en fibre optique).

Réseaux étendus (WAN)

Un réseau étendu (**WAN**, *Wide Area Network*) interconnecte plusieurs réseaux locaux à travers de grandes distances géographiques.

Les débits disponibles sur un WAN résultent d'un arbitrage avec le coût des liaisons (qui augmente avec la distance) et peuvent être faibles.

Les WAN fonctionnent grâce à des équipements réseau appelés **routeurs**, qui permettent de déterminer le trajet le plus approprié pour atteindre une machine du réseau.

Réseaux locaux virtuels (VLAN)

Un **VLAN** (*Virtual Local Area Network* ou *Virtual LAN*, en français *Réseau local virtuel*) est un réseau local regroupant un ensemble de machines de façon logique et non physique.

En effet dans un réseau local la communication entre les différentes machines est régie par l'architecture physique. Grâce aux réseaux virtuels (VLAN), il est possible de s'affranchir des limitations de l'architecture physique (contraintes géographiques, contraintes d'adressage...) en définissant une segmentation logique (logicielle) basée sur un regroupement de machines grâce à des critères (adresses MAC, numéros de port, protocole, etc.).

❑ Typologie de VLAN

Plusieurs types de VLAN[1] sont définis, selon le critère de commutation et le niveau auquel il s'effectue :

- Un **VLAN de niveau 1** (aussi appelé **VLAN par port** ou *Port-Based VLAN*) définit un réseau virtuel en fonction des ports de raccordement sur le commutateur.
- Un **VLAN de niveau 2** (également appelé **VLAN MAC**, *VLAN par adresse IEEE* ou *MAC Address-Based VLAN*) définit un réseau virtuel en fonction des adresses MAC des stations. Ce type de VLAN est beaucoup plus souple que le

1.Les VLAN sont définis par les standards IEEE 802.1D, 802.1p, 802.1Q et 802.10 : *http://www.ieee802.org/1*.

VLAN par port car le réseau est indépendant de la localisation de la station.

- Un **VLAN de niveau 3** : on distingue plusieurs types de VLAN de niveau 3 :

  • Le **VLAN par sous-réseau** (*Network Address-Based VLAN*) associe des sous-réseaux selon l'adresse IP source des datagrammes. Ce type de solution apporte une grande souplesse dans la mesure où la configuration des commutateurs se modifie automatiquement en cas de déplacement d'une station. En contrepartie une légère dégradation de performances peut se faire sentir dans la mesure où les informations contenues dans les paquets doivent être analysées plus finement.

  • Le **VLAN par protocole** (*Protocol-Based VLAN*) permet de créer un réseau virtuel par type de protocole (par exemple TCP/IP, IPX, AppleTalk...), regroupant ainsi toutes les machines utilisant le même protocole au sein d'un même réseau.

❑ Les avantages du VLAN

Le VLAN permet de définir un nouveau réseau au-dessus du réseau physique et à ce titre offre les avantages suivants :

- Plus de **souplesse pour l'administration et les modifications** du réseau car toute l'architecture peut être modifiée par simple paramétrage des commutateurs.
- Gain en **sécurité** car les informations sont encapsulées dans un niveau supplémentaire et éventuellement analysées.
- **Réduction de la diffusion du trafic** sur le réseau.

Transmission de données

Représentation des données

Le but d'un réseau est de transmettre des informations d'un ordinateur à un autre. Pour cela il faut dans un premier temps décider du type de codage de la donnée à envoyer, c'est-à-dire sa **représentation informatique**. Celle-ci sera différente selon le type de données, car il peut s'agir de : données sonores, données textuelles, données graphiques, données vidéo...

La représentation de ces données peut se diviser en deux catégories :

- Une **représentation numérique** : c'est-à-dire le codage de l'information en un ensemble de valeurs binaires, soit une suite de 0 et de 1.
- Une **représentation analogique** : c'est-à-dire que la donnée sera représentée par la variation d'une grandeur physique continue.

Support de transmission des données

Pour que la transmission de données puisse s'établir, il doit exister une ligne de transmission, appelée aussi **voie de transmission** ou **canal**, entre les deux machines.

Ces voies de transmission sont constituées de plusieurs tronçons permettant de faire circuler les données sous forme d'ondes électromagnétiques, électriques, lumineuses ou même acoustiques.

On a donc un phénomène vibratoire qui se propage sur le support physique.

Codage des signaux de transmission

Pour qu'il puisse y avoir un échange de données, un **codage des signaux de transmission** doit être choisi, celui-ci dépend essentiellement du support physique utilisé pour transférer les données, ainsi que de la garantie de l'intégrité des données et de la vitesse de transmission.

Transmission simultanée de données

La transmission de données est « simple » lorsque seules deux machines sont en communication, ou lorsque l'on envoie une seule donnée. Dans le cas contraire, il est nécessaire de mettre en place plusieurs lignes de transmission ou bien de partager la ligne entre les différents acteurs de la communication. Ce partage est appelé **multiplexage**.

Protocoles de communication

Un **protocole** est un langage commun utilisé par l'ensemble des acteurs de la communication pour échanger des données. Toutefois son rôle ne s'arrête pas là. Un protocole permet aussi :

- l'initiation de la communication,
- l'échange de données,
- le contrôle d'erreur,
- une fin de communication « courtoise ».

Canal de transmission

Une ligne de transmission est une liaison entre les deux machines. On désigne généralement par le terme **émetteur** la machine qui envoie les données et par **récepteur** celle qui les reçoit. Les machines peuvent parfois être chacune à leur tour réceptrice ou émettrice (c'est le cas généralement des ordinateurs reliés par réseau).

La ligne de transmission, appelée aussi parfois **canal de transmission** ou **voie de transmission**, n'est pas forcément constituée d'un seul support physique de transmission, c'est pourquoi les machines d'extrémités (par opposition aux machines intermédiaires), appelées **ETTD** (Équipement terminal de traitement de données ou DTE, *Data Terminal Equipment*) possèdent chacune un équipement relatif au support physique auxquelles elles sont reliées, appelé **ETCD** (Équipement terminal de circuit de données ou DCE, *Data Communication Equipment*).

On nomme **circuit de données** l'ensemble constitué des ETCD de chaque machine et de la ligne de données.

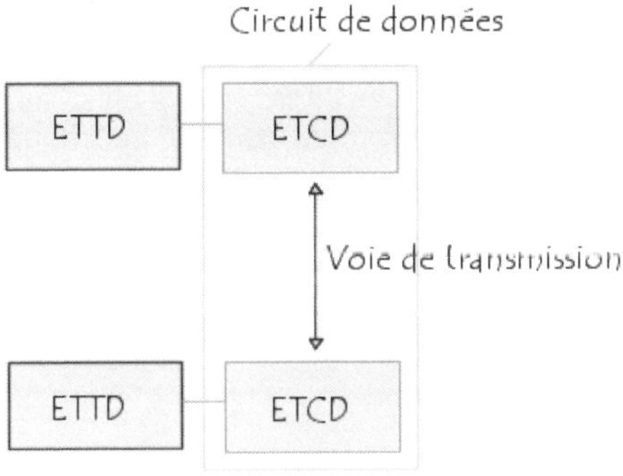

Notions sur les ondes électromagnétiques

La transmission de données sur un support physique se fait par propagation d'un phénomène vibratoire. Il en résulte un signal ondulatoire dépendant de la grandeur physique que l'on fait varier :

- dans le cas de la lumière, il s'agit d'une onde lumineuse ;
- dans le cas du son, il s'agit d'une onde acoustique ;
- dans le cas de la tension ou de l'intensité d'un courant électrique, il s'agit d'une onde électrique…

Les **ondes électromagnétiques** sont caractérisées par leur fréquence, leur amplitude et leur phase.

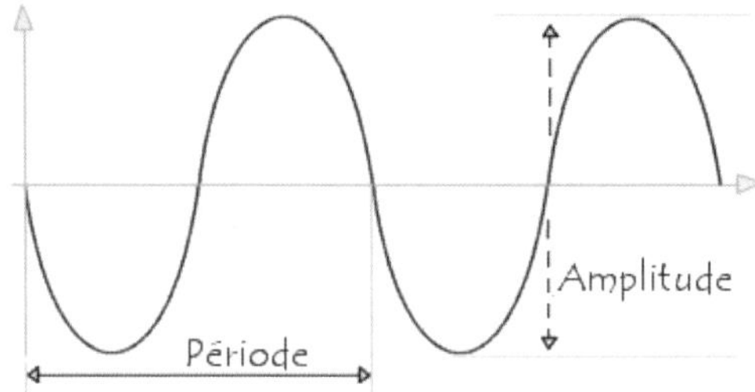

Types de supports physiques

Les **supports physiques de transmissions** sont les éléments permettant de faire circuler les informations entre les équipements de transmission. On classe généralement ces supports en trois catégories, selon le type de grandeur physique qu'ils permettent de faire circuler, donc de leur constitution physique :

- Les **supports filaires** permettent de faire circuler une grandeur électrique sur un câble généralement métallique.
- Les **supports aériens** désignent l'air ou le vide, ils permettent la circulation d'ondes électromagnétiques ou radioélectriques diverses.
- Les **supports optiques** permettent d'acheminer des informations sous forme lumineuse.

Selon le type de support physique, la grandeur physique a une vitesse de propagation plus ou moins rapide (par exemple le son se propage dans l'air à une vitesse de l'ordre de 300 m/s alors que la lumière a une célérité proche de 300 000 km/s).

Perturbations

La transmission de données sur une ligne ne se fait pas sans pertes. Tout d'abord le temps de transmission n'est pas immédiat, ce qui impose une certaine « synchronisation » des données à la réception.

D'autre part, des parasites ou des dégradations du signal peuvent apparaître :

- Les **parasites** (souvent appelés **bruit**) sont l'ensemble des perturbations modifiant localement la forme du signal. On distingue généralement deux types de bruit :

  • Le **bruit blanc** qui est une perturbation uniforme du signal, c'est-à-dire qu'il rajoute au signal une petite amplitude dont la moyenne sur le signal est nulle. Le bruit blanc est généralement caractérisé par un ratio appelé **rapport signal/bruit** qui traduit le pourcentage d'amplitude du signal par rapport au bruit (son unité est le décibel). Celui-ci doit être le plus élevé possible.

  • Les **bruits impulsifs** qui sont de petits pics d'intensité provoquant des erreurs de transmission.

- L'**affaiblissement** du signal représente la perte de signal en énergie dissipée dans la ligne. L'affaiblissement se traduit par un signal de sortie plus faible que le signal d'entrée et est caractérisé par la valeur :

  A = 20 log (niveau du signal en sortie/niveau du signal en entrée)

  L'affaiblissement est proportionnel à la longueur de la voie de transmission et à la fréquence du signal.

- La **distorsion** du signal caractérise le déphasage entre le signal en entrée et le signal en sortie.

Bande passante et capacité

La **bande passante** (*bandwidth*) d'une voie de transmission est l'intervalle de fréquence sur lequel le signal ne subit pas un affaiblissement supérieur à une certaine valeur (généralement 3 dB, car 3 décibels correspondent à un affaiblissement du signal de 50 %).

Une ligne de téléphone a par exemple une bande passante comprise entre 300 et 3 400 Hertz environ pour un taux d'affaiblissement égal à 3 dB.

La **capacité** d'une voie est la quantité d'informations (en bits) pouvant être transmis sur la voie en 1 seconde.

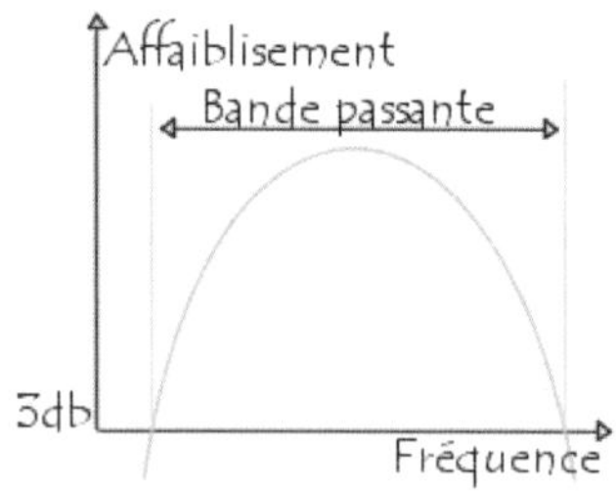

La capacité se caractérise de la façon suivante :

$$C = W \log 2 \left(1 + S/N\right)$$

avec C la capacité (en bps), W la largeur de bande (en Hz) et S/N qui représente le rapport signal sur bruit de la voie.

Qualité de service

Le terme **QoS** (*Quality of Service* ou qualité de service) désigne la capacité à fournir un service (notamment un support de communication) conforme à des exigences en matière de temps de réponse et de bande passante.

Appliquée aux réseaux à commutation de paquets (réseaux basés sur l'utilisation de routeurs) la QoS désigne l'aptitude à pouvoir garantir un niveau acceptable de perte de paquets, défini contractuellement, pour un usage donné (voix sur IP, vidéoconférence, etc.).

En effet, contrairement aux réseaux à commutation de circuits, tel que le réseau téléphonique commuté, où un circuit de communication est dédié pendant toute la durée de la communication, il est impossible sur Internet de prédire le chemin emprunté par les différents paquets.

Ainsi, rien ne garantit qu'une communication nécessitant une régularité du débit pourra avoir lieu sans encombre. C'est pourquoi il existe des mécanismes, dits **mécanismes de QoS**, permettant de différencier les différents flux réseau et de réserver une partie de la bande passante pour ceux nécessitant un service continu, sans coupures.

❑ Niveaux de service

Le terme **niveau de service** (*service level*) définit le niveau d'exigence pour la capacité d'un réseau à fournir un service point à point ou de bout en bout avec un trafic donné. On définit généralement trois niveaux de QoS :

- **Meilleur effort** (*best effort*) : ne fournissant aucune différenciation entre plusieurs flux réseaux et ne permettant aucune garantie. Ce niveau de service est ainsi parfois appelé *lack of QoS*.
- **Service différencié** (*differenciated service* ou *soft QoS*) : permettant de définir des niveaux de priorité aux différents flux réseau sans toutefois fournir une garantie stricte.
- **Service garanti** (*guaranteed service* ou *hard QoS*) : consistant à réserver des ressources réseau pour certains types de flux. Le principal mécanisme utilisé pour obtenir un tel niveau de service est RSVP (*Resource reSerVation Protocol*, traduisez *Protocole de réservation de ressources*).

❑ Critères de qualité de service

Les principaux critères permettant d'apprécier la qualité de service sont les suivants :

- **Débit** (*bandwidth*) : parfois appelé *bande passante* par abus de langage, il définit le volume maximal d'information (bits) par unité de temps.
- **Gigue** (*jitter*) : elle représente la fluctuation du signal numérique, dans le temps ou en phase.
- **Latence**, **délai** ou **temps de réponse** (*delay*) : elle caractérise le retard entre l'émission et la réception d'un paquet.
- **Perte de paquet** (*packet loss*) : elle correspond à la non-délivrance d'un paquet de données, la plupart du temps due à un encombrement du réseau.
- **Déséquencement** (*desequencing*) : il s'agit d'une modification de l'ordre d'arrivée des paquets.

Modes de transmission

Pour une transmission donnée sur une voie de communication entre deux machines la communication peut s'effectuer de différentes manières. La transmission est caractérisée par :

- le sens des échanges,
- le **mode de transmission** : il s'agit du nombre de bits envoyés simultanément,
- la synchronisation : il s'agit de la synchronisation entre émetteur et récepteur.

Liaisons simplex, half-duplex et full-duplex

Selon le sens des échanges, on distingue trois modes de transmission :

- La **liaison simplex** qui caractérise une liaison dans laquelle les données circulent dans un seul sens, c'est-à-dire de l'émetteur vers le récepteur. Ce genre de liaison est utile lorsque les données n'ont pas besoin de circuler dans les deux sens (par exemple de votre ordinateur vers l'imprimante ou de la souris vers l'ordinateur...).

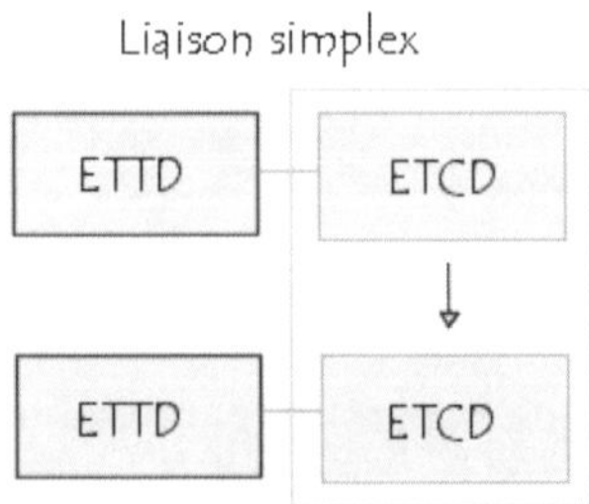

- La **liaison half-duplex** (parfois appelée *liaison à l'alternat* ou *semi-duplex*) qui caractérise une liaison dans laquelle les données circulent dans un sens ou dans l'autre, mais pas dans les deux sens simultanément. Ainsi, avec ce genre de liaison chaque extrémité de la liaison émet à son tour. Ce type de liaison permet d'avoir une liaison bidirectionnelle utilisant la capacité totale de la ligne.

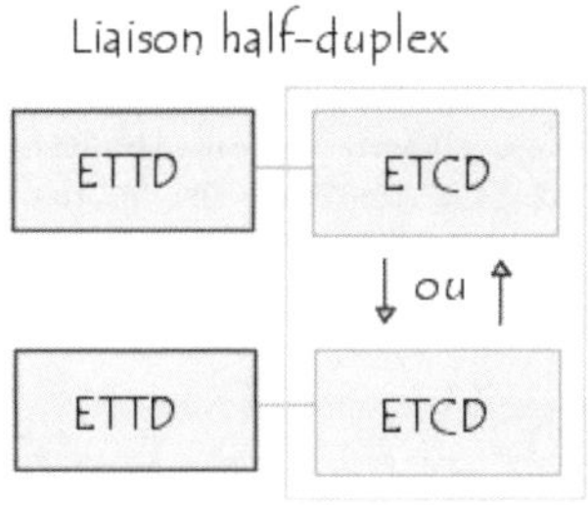

- La **liaison full-duplex** (appelée aussi *duplex intégral*) qui caractérise une liaison dans laquelle les données circulent de façon bidirectionnelle et simultanément. Ainsi, chaque extrémité de la ligne peut émettre et recevoir en même temps, ce qui signifie que la bande passante est divisée par deux pour chaque sens d'émission des données si un même support de transmission est utilisé pour les deux transmissions.

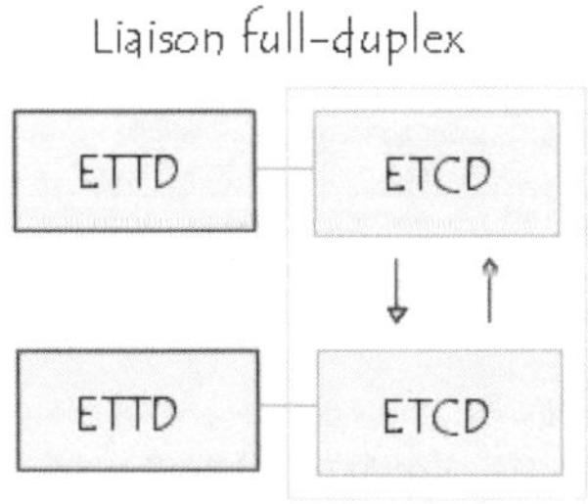

Transmission série et parallèle

Le **mode de transmission** désigne le nombre d'unités élémentaires d'informations (bits) pouvant être simultanément transmises par le canal de communication. En effet, un processeur (donc l'ordinateur en général) ne traite jamais (dans le cas des processeurs récents) un seul bit à la fois, il permet généralement d'en traiter plusieurs (la plupart du temps 8, soit un octet), c'est la raison pour laquelle la liaison de base sur un ordinateur est une liaison parallèle.

❏ Liaison parallèle

On désigne par **liaison parallèle** la transmission simultanée de *N* bits. Ces bits sont envoyés simultanément sur *N* voies différentes (une voie étant par exemple un fil, un câble ou tout autre support physique). La liaison parallèle des ordinateurs de type PC nécessite généralement 10 fils.

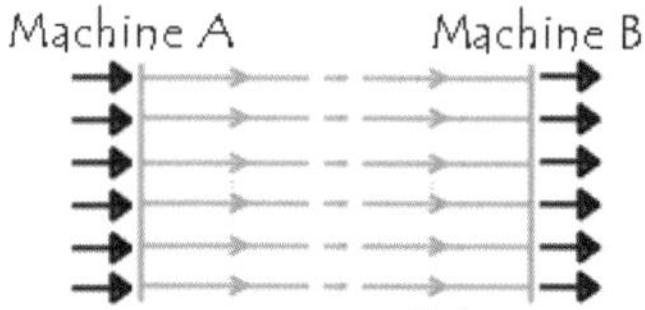

Liaison parallèle

Ces voies peuvent être :

- *N* lignes physiques : auquel cas chaque bit est envoyé sur une ligne physique (c'est la raison pour laquelle les câbles parallèles sont composés de plusieurs fils en nappe).
- Une ligne physique divisée en plusieurs sous-canaux par division de la bande passante. Ainsi chaque bit est transmis sur une fréquence différente...

> **Attention !**
>
> Étant donné que les fils conducteurs sont proches sur une nappe, il existe des perturbations (notamment à haut débit) dégradant la qualité du signal...

❏ Liaison série

Dans une **liaison en série**, les données sont envoyées bit par bit sur la voie de transmission. Toutefois, étant donné que la plupart des processeurs traitent les informations de façon parallèle, il s'agit de transformer des données arrivant de façon parallèle en données en série au niveau de l'émetteur, et inversement au niveau du récepteur

Ces opérations sont réalisées grâce à un **contrôleur de communication** (la plupart du temps une puce UART, *Universal Asynchronous Receiver Transmitter*). Le contrôleur de communication fonctionne de la façon suivante :

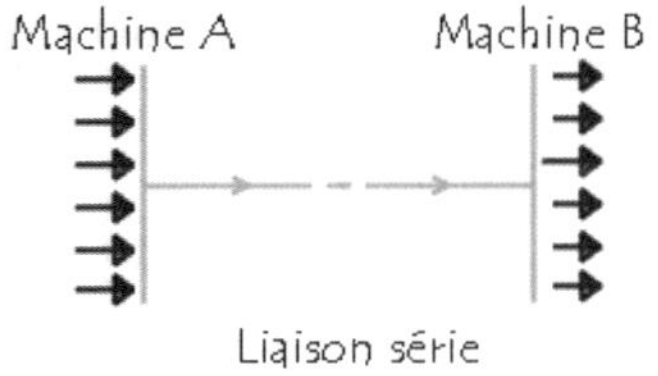

- La **transformation parallèle-série** se fait grâce à un registre de décalage. Le **registre de décalage** permet, grâce à une horloge, de décaler le registre (l'ensemble des données présentes en parallèle) d'une position à gauche, puis d'émettre le bit de poids fort (celui le plus à gauche) et ainsi de suite :

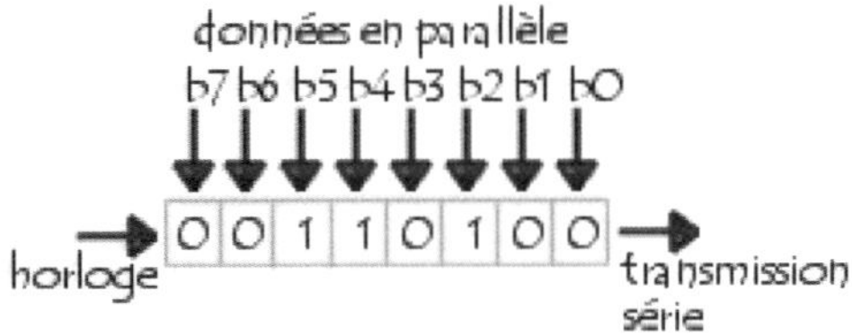

- La **transformation série-parallèle** se fait quasiment de la même façon grâce au registre de décalage. Le registre de décalage permet de décaler le registre d'une position à gauche à chaque réception d'un bit, puis d'émettre la totalité du registre en parallèle lorsque celui-ci est plein et ainsi de suite :

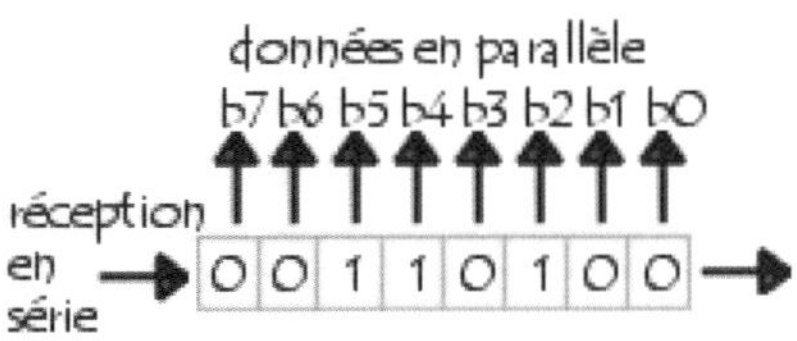

Transmission synchrone et asynchrone

Étant donné les problèmes que pose la liaison de type parallèle, c'est la **liaison série** qui est la plus utilisée. Toutefois, puisqu'un seul fil transporte l'information, il existe un problème de synchronisation entre l'émetteur et le récepteur, c'est-à-dire que le récepteur ne peut pas *a priori* distinguer les caractères (ou même de manière plus générale les séquences de bits) car les bits sont envoyés successivement. Il existe donc deux types de transmission permettant de remédier à ce problème : la liaison synchrone et la liaison asynchrone.

❑ La liaison asynchrone

Dans une **liaison asynchrone** chaque caractère est émis de façon irrégulière dans le temps (par exemple un utilisateur envoyant en temps réel des caractères saisis au clavier). Ainsi, imaginons qu'un seul bit soit transmis pendant une longue période de silence... le récepteur ne pourrait savoir s'il s'agit de 00010000 ou 10000000 ou encore 00000100...

Afin de remédier à ce problème, chaque caractère est précédé d'une information indiquant le début de la transmission du caractère (l'information de début d'émission est appelée **bit START**) et terminé par l'envoi d'une information de fin de transmission (appelée **bit STOP**, il peut éventuellement y avoir plusieurs bits STOP).

❑ La liaison synchrone

Dans une **liaison synchrone** émetteur et récepteur sont cadencés à la même horloge. Le récepteur reçoit de façon continue (même lorsqu'aucun bit n'est transmis) les informations au rythme où l'émetteur les envoie. C'est pourquoi il est nécessaire qu'émetteur et récepteur soient cadencés à la même vitesse. De plus, des informations supplémentaires sont insérées afin de garantir l'absence d'erreurs lors de la transmission.

Lors d'une transmission synchrone, les bits sont envoyés de façon successive sans séparation entre chaque caractère, il est donc nécessaire d'insérer des éléments de synchronisation, on parle alors de **synchronisation au niveau caractère**.

Le principal inconvénient de la transmission synchrone est la reconnaissance des informations au niveau du récepteur, car il peut exister des différences entre les horloges de l'émetteur et du récepteur. C'est pourquoi chaque envoi de données doit se faire sur une période assez longue pour que le récepteur la distingue. Ainsi, la **vitesse de transmission** ne peut pas être très élevée dans une liaison synchrone.

Transmission analogique

La **transmission analogique** de données consiste à faire circuler des informations sur un support physique de transmission sous la forme d'une onde. La transmission des données se fait par l'intermédiaire d'une **onde porteuse**, une onde simple dont le seul but est de transporter les données par modification de l'une de ces caractéristiques (amplitude, fréquence ou phase), c'est la raison pour laquelle la transmission analogique est généralement appelée **transmission par modulation d'onde porteuse**. Selon le paramètre de l'onde porteuse que l'on fait varier, on distinguera trois types de transmissions analogiques :

- la transmission par modulation **d'amplitude** de la porteuse,
- la transmission par modulation de **fréquence** de la porteuse,
- la transmission par modulation de **phase** de la porteuse.

Transmission analogique de données analogiques

Ce type de transmission désigne un schéma dans lequel les données à transmettre sont directement **sous forme analogique**. Ainsi, pour transmettre ce signal, l'ETCD doit effectuer une convolution continue du signal à transmettre et de l'onde porteuse, c'est-à-dire que l'onde qu'il va transmettre va être une association de l'onde porteuse et du signal à transmettre. Dans le cas d'une transmission par modulation d'amplitude par exemple la transmission se fait de la manière suivante :

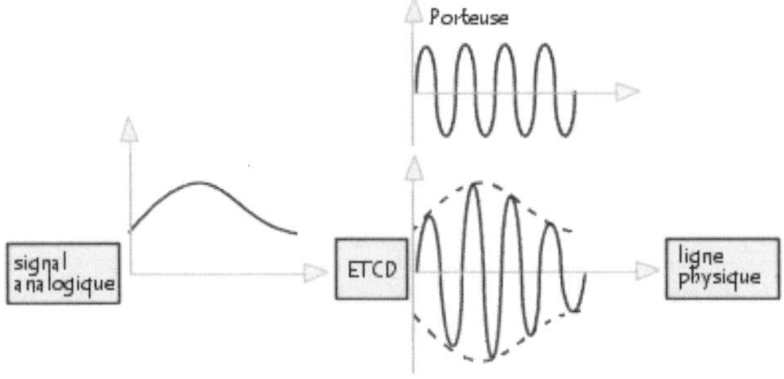

Transmission analogique de données numériques

Lorsque les données numériques ont fait leur apparition, les systèmes de transmission étaient encore analogiques, il a donc fallu trouver un moyen de transmettre des **données numériques** de façon analogique.

La solution à ce problème était le **modem** :

- *à l'émission* : il convertit des données numériques (un ensemble de 0 et de 1) en signaux analogiques (la variation continue d'un phénomène physique), on appelle ce procédé la **modulation**.
- *à la réception* : il convertit le signal analogique en données numériques, on appelle ce procédé la **démodulation**.

À savoir

Modem est en réalité l'acronyme de *MO*dulateur/*DEM*odulateur.

Transmission numérique

La **transmission numérique** consiste à faire transiter les informations sur le support physique de communication sous forme de signaux numériques. Ainsi, des données analogiques devront préalablement être numérisées avant d'être transmises.

Toutefois, les informations numériques ne peuvent pas circuler sous forme de 0 et de 1 directement, il s'agit donc de les coder sous forme d'un signal possédant deux états, par exemple :

- deux niveaux de tension par rapport à la masse,
- la différence de tension entre deux fils,
- la présence/absence de courant dans un fil,
- la présence/absence de lumière...

Cette transformation de l'information binaire sous forme d'un signal à deux états est réalisée par l'ETCD, appelé aussi **codeur**

bande de base, d'où l'appellation de **transmission en bande de base** pour désigner la transmission numérique…

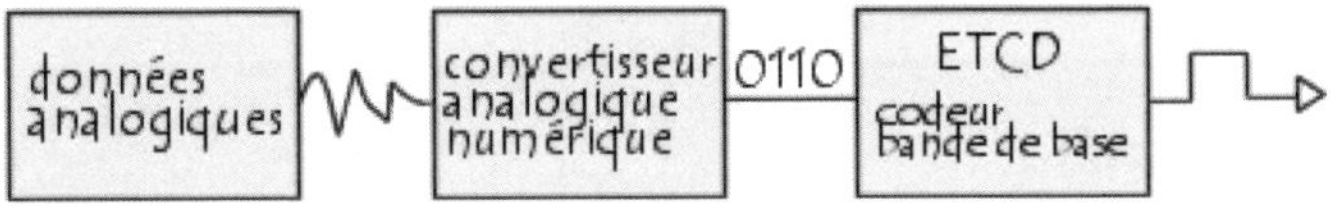

Codage des signaux

Pour que la transmission soit optimale, il est nécessaire que le signal soit codé de façon à faciliter sa transmission sur le support physique. Il existe pour cela différents systèmes de codage pouvant se classer en deux catégories :

- Le **codage à deux niveaux** : le signal peut prendre uniquement une valeur strictement négative ou strictement positive (-X ou +X, X représentant une valeur de la grandeur physique permettant de transporter le signal).
- Le **codage à trois niveaux** : le signal peut prendre une valeur strictement négative, nulle ou strictement positive (-X, 0 ou +X).

Codage NRZ

Le **codage NRZ** (*No Return to Zero* ou *Non retour à zéro*) est le premier système de codage, car c'est le plus simple. Il consiste tout simplement à transformer les 0 en -X et les 1 en +X, de cette façon on a un codage bipolaire dans lequel le signal n'est jamais nul. Par conséquent, le récepteur peut déterminer la présence ou non d'un signal

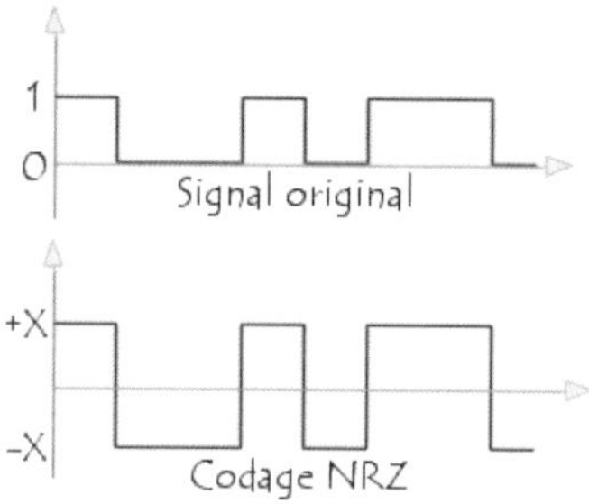

Codage NRZI

Le **codage NRZI** (*No Return to Zero Inverted*) est sensiblement différent du codage NRZ. Avec ce codage, lorsque le bit est à 1, le signal change d'état après le top de l'horloge. Lorsque le bit est à 0, le signal ne subit aucun changement d'état.

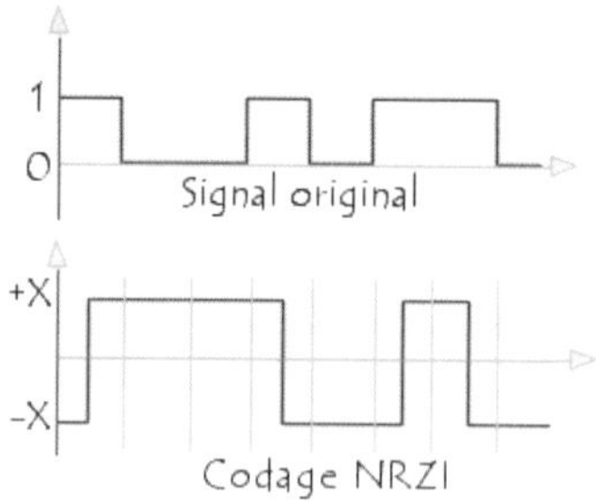

Le codage NRZI possède de nombreux avantages, dont :

- la détection de la présence ou non du signal ;
- la nécessité d'un faible courant de transmission du signal.

Par contre, il possède un défaut : lors d'une suite de zéro, la présence d'un courant continu gêne la synchronisation entre émetteur et récepteur.

Codage Manchester

Le **codage Manchester**, également appelé *codage biphase* ou **PE** (*Phase Encode*), introduit une transition au milieu de chaque intervalle. Il consiste en fait à faire un OU exclusif (XOR) entre le signal et le signal d'horloge, ce qui se traduit par un front montant lorsque le bit est à zéro, un front descendant dans le cas contraire.

Le codage Manchester possède de nombreux avantages, dont :

- le non passage par zéro, rendant possible par le récepteur la détection d'un signal ;
- un spectre occupant une large bande.

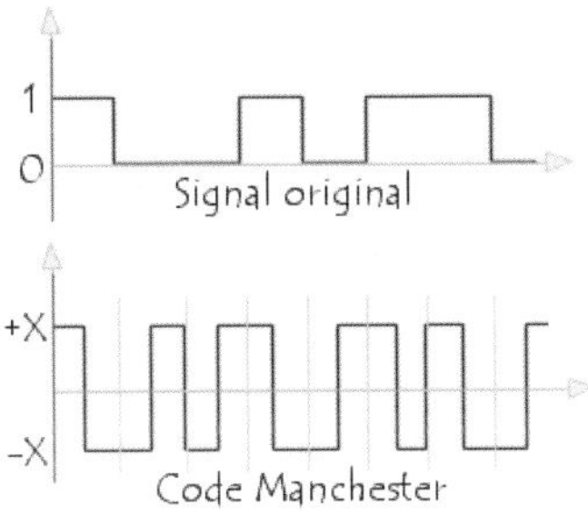

Codage *Delay Mode* (ou Miller)

Le **codage *Delay Mode***, aussi appelé **codage Miller**, est proche du codage Manchester, à la différence près qu'une transition apparaît au milieu de l'intervalle uniquement lorsque le bit est à 1, cela permet de plus grands débits...

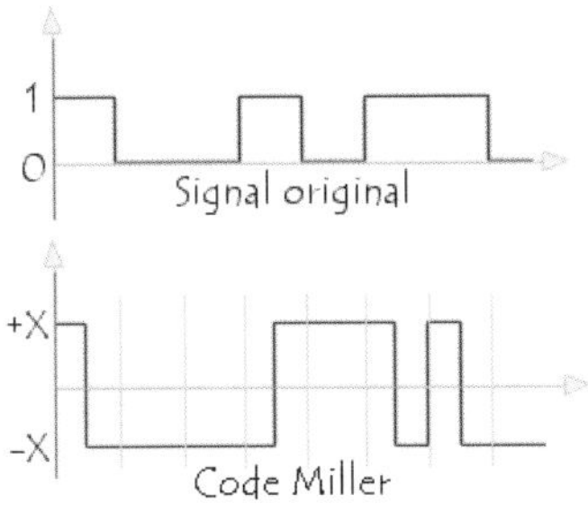

Codage bipolaire simple

Le **codage bipolaire simple** est un codage sur trois niveaux. Il propose donc trois états de la grandeur transportée sur le support physique :

- la valeur *0* lorsque le bit est à 0,
- alternativement X et -X lorsque le bit est à 1.

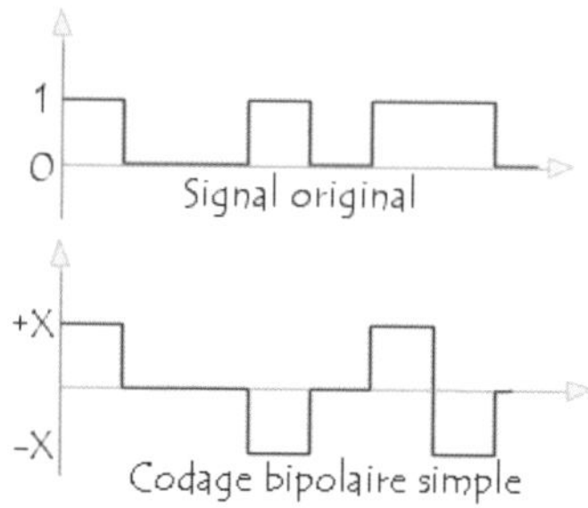

Câblage coaxial

Le **câble coaxial** (*coaxial cable*) a longtemps été LE câblage de prédilection, pour la simple raison qu'il est peu coûteux et facilement manipulable (poids, flexibilité...). Il est aujourd'hui obsolète et remplacé par le *câblage en paire torsadée*.

Un câble coaxial est constitué d'une partie centrale (appelée âme), c'est-à-dire un fil de cuivre, enveloppé dans un isolant, puis d'un blindage métallique tressé et enfin d'une gaine extérieure :

- La **gaine** permet de protéger le câble de l'environnement extérieur. Elle est habituellement en caoutchouc, parfois en chlorure de polyvinyle (PVC), éventuellement en téflon.

- Le **blindage** (enveloppe métallique) entourant les câbles permet de protéger les données transmises sur le support des parasites (bruit) pouvant causer une distorsion des données.
- L'**isolant** entourant la partie centrale est constitué d'un matériau diélectrique permettant d'éviter tout contact avec le blindage (ce qui pourrait provoquer des interactions électriques, par exemple un court-circuit).
- L'**âme**, accomplissant la tâche de transport des données, est généralement composée d'un seul brin en cuivre ou de plusieurs brins torsadés.

Grâce à son blindage, le câble coaxial peut être utilisé sur des longues distances et à haut débit (contrairement à un câble de type paire torsadée), on le réserve toutefois pour des installations de base.

À noter qu'il existe des câbles coaxiaux possédant un **blindage double** (une couche isolante, une couche de blindage) ainsi que des câbles coaxiaux à **quadruple blindage** (deux couches isolantes, deux couches de blindage).

Thinnet (10Base2)

Le **10Base2** (câble coaxial fin appelé **Thinnet** ou encore *CheaperNet*, traduisez *réseau plus économique*) est un câble de fin diamètre (6 mm), de couleur blanche (ou grisâtre) par convention. Très flexible, il peut être utilisé dans la majorité des réseaux en le connectant directement sur la carte réseau. Il permet de transporter un signal sur une distance d'environ 185 mètres sans affaiblissement.

Il fait partie de la famille des RG-58 dont l'impédance (la résistance) est de 50 ohms. On distingue les différents types de câbles coaxiaux fins selon la partie centrale du câble (âme).

Câble	Description
RG-58 / U	Brin central constitué d'un unique toron de cuivre
RG-58 A/U	Torsadé
RG-58 C/U	Version militaire du RG-58 A/U

Câble	Description
RG-59	Transmission à bande large (télévision par câble)
RG-6	Diamètre plus large, conseillé pour des fréquences plus élevées que RG-59
RG-62	Réseau Arcnet

Thicknet (10Base5)

Le **10Base5** (câble coaxial épais appelé **Thicknet**, *Thick Ethernet* ou encore *Yellow Cable* en raison de sa couleur jaune conventionnelle) est un câble blindé de plus gros diamètre (12 mm) et de 50 ohms d'impédance. Il a longtemps été utilisé dans les réseaux Ethernet, ce qui lui a valu l'appellation de **câble Ethernet standard**.

Étant donné que son âme a un plus gros diamètre, la distance susceptible d'être parcourue par les signaux est grande, cela lui permet de transmettre sans affaiblissement des signaux sur une distance atteignant 500 mètres (sans réamplification du signal). Sa bande passante est de 10 Mbps Il est donc employé très souvent comme câble principal (*backbone*) pour relier des petits réseaux dont les ordinateurs sont connectés avec du Thinnet. Toutefois, étant donné son diamètre il est moins flexible que le Thinnet.

Transceiver : la connexion entre Thinnet et Thicknet

La connexion entre Thinnet et Thicknet se fait grâce à un **transceiver**. Il est muni d'une prise dite « vampire » qui effectue la connexion physique réelle à la partie centrale du Thinnet en transperçant l'enveloppe isolante.

Le câble du transceiver (*drop cable*) est branché sur un connecteur **AUI** (*Attachment Unit Interface*) appelé également connecteur **DIX** (*Digital Intel Xerox*) ou connecteur **DB 15** (*SUB-D 15*).

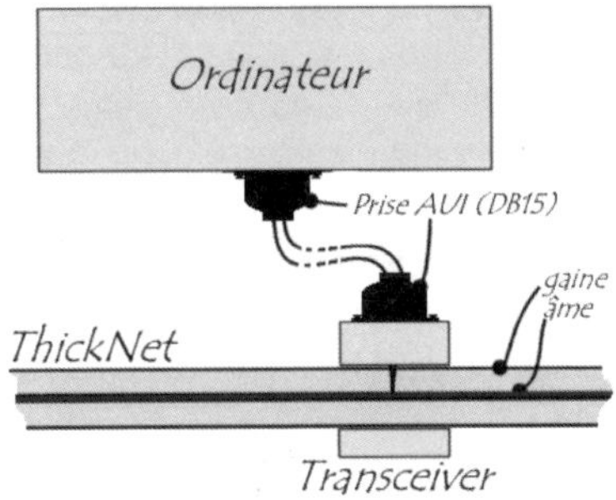

Connecteurs pour câble coaxial

Thinnet et Thicknet utilisent tous deux des connecteurs **BNC** (*Bayonet-Neill-Concelman* ou *British Naval Connector*) servant à relier les câbles aux ordinateurs.

Dans la famille BNC, on trouve :

- **Connecteur de câble BNC** : il est soudé ou serti à l'extrémité du câble.
- **Connecteur BNC en T** : il relie la carte réseau des ordinateurs au câble du réseau.
- **Prolongateur BNC** : il relie deux segments de câble coaxial afin d'obtenir un câble plus long.
- **Bouchon de terminaison BNC** : il est placé à chaque extrémité du câble d'un réseau en bus pour absorber les signaux parasites. Il est relié à la masse. Un réseau bus ne peut pas fonctionner sans. Il serait mis hors service.

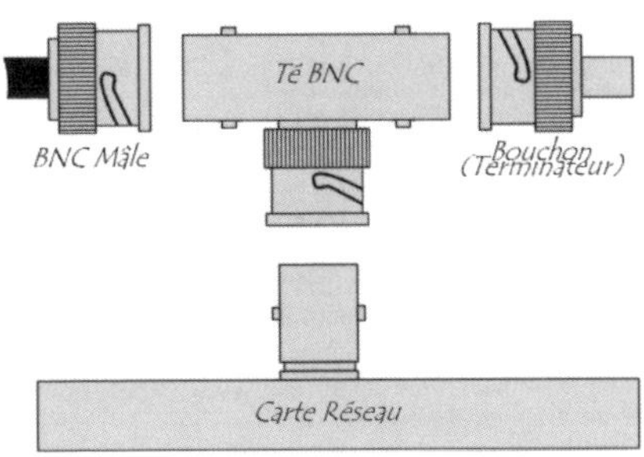

Câblage à paire torsadée

Dans sa forme la plus simple, le **câble à paire torsadée** (*twisted-pair cable*) est constitué de deux brins de cuivre entrelacés en torsade et recouverts d'isolants.

On distingue généralement deux types de paires torsadées :

- les paires non blindées (**UTP,** *Unshielded Twisted-Pair*) ;
- les paires blindées (**STP**, *Shielded Twisted-Pair*).

Un câble est souvent fabriqué à partir de plusieurs paires torsadées regroupées et placées à l'intérieur de la gaine protectrice. L'entrelacement permet de supprimer les bruits (interférences électriques) dus aux paires adjacentes ou autres sources (moteurs, relais, transformateur).

La paire torsadée est donc adaptée à la mise en réseau local d'un faible parc avec un budget limité, et une connectique simple. Toutefois, sur de longues distances avec des débits élevés elle ne permet pas de garantir l'intégrité des données (c'est-à-dire la transmission sans perte de données).

Paire torsadée non blindée (UTP)

Le **câble UTP** (*Unshielded Twisted-Pair*) obéit à la spécification 10BaseT. C'est le type de paire torsadée le plus utilisé et le plus répandu pour les réseaux locaux. Voici quelques caractéristiques :

- Longueur maximale d'un segment : 100 mètres.
- Composition : 2 fils de cuivre recouverts d'isolant.
- Normes UTP : conditionnent le nombre de torsions par pied (33 cm) de câble en fonction de l'utilisation prévue
- UTP : répertorié dans la norme Commercial Building Wiring Standard 568 de l'EIA/TIA (*Electronic Industries Association / Telecommunication Industries Association*). La **norme EIA/TIA 568** a utilisé UTP pour créer des normes applicables à toutes sortes de locaux et de contextes de câblage qui garantissent au public l'homogénéité des produits. Ces normes incluent cinq catégories de câbles UTP :

  • **Catégorie 1** : câble téléphonique traditionnel (transfert de voix mais pas de données).

- **Catégorie 2** : transmission des données à 4 Mbit/s maximum (RNIS), ce type de câble est composé de 4 paires torsadées.
- **Catégorie 3** : 10 Mbit/s maximum, ce type de câble est composé de 4 paires torsadées et de 3 torsions par pied.
- **Catégorie 4** : 16 Mbit/s maximum, ce type de câble est composé de 4 paires torsadées en cuivre.
- **Catégorie 5** : 100 Mbit/s maximum, ce type de câble est composé de 4 paires torsadées en cuivre.
- **Catégorie 5e** : 1 000 Mbit/s maximum, ce type de câble est composé de 4 paires torsadées en cuivre.

La plupart des installations téléphoniques utilisent un câble UTP. Beaucoup de locaux sont pré-câblés pour ce genre d'installation (souvent en nombre suffisant pour satisfaire les futurs besoins). Si la paire torsadée pré-installée est de bonne qualité, il est possible de transférer des données et donc l'utiliser en réseau informatique. Il faut faire attention cependant aux nombres de torsades et aux autres caractéristiques électriques requises pour une transmission de données de qualité.

Le majeur problème provient du fait que le câble UTP est particulièrement sujet aux interférences (signaux d'une ligne se mélangeant à ceux d'une autre ligne). La seule solution réside dans le blindage.

Paire torsadée blindée (STP)

Le **câble STP** (*Shielded Twisted Pair*) utilise une gaine de cuivre de meilleure qualité et plus protectrice que la gaine utilisée par le câble UTP. Il contient une enveloppe de protection entre les paires et autour des paires. Dans le câble STP, les fils de cuivre d'une paire sont eux-mêmes torsadés, ce qui fournit au câble STP un excellent blindage, c'est-à-dire une meilleure protection contre les interférences. Il permet également une transmission plus rapide et sur une plus longue distance.

La paire torsadée se branche à l'aide d'un **connecteur RJ-45**. Ce connecteur est similaire au RJ-11 utilisé dans la téléphonie mais différent sur certains points : le RJ-45 est légèrement plus grand et ne peut être inséré dans une prise de téléphone RJ-11.

De plus, le RJ-45 se compose de huit broches alors que le RJ-11 n'en possède que six, voire quatre généralement.

Fibre optique

La **fibre optique** est un câble possédant de nombreux avantages :

- légèreté,
- immunité au bruit,
- faible atténuation,
- tolère des débits de l'ordre de 100 Mbps,
- largeur de bande de quelques dizaines de mégahertz à plusieurs Gigahertz (fibre monomode).

Le câblage optique est particulièrement adapté à la liaison entre répartiteurs (liaison centrale entre plusieurs bâtiments, appelée **backbone** ou *épine dorsale*) car elle permet des connexions sur des longues distances (de quelques kilomètres à 60 km dans le cas de fibre monomode) sans nécessiter de mise à la masse. De plus ce type de câble est très sûr car il est extrêmement difficile de mettre un tel câble sur écoute.

Toutefois, malgré sa flexibilité mécanique, ce type de câble ne convient pas pour des connexions dans un réseau local car son installation est problématique et son coût élevé. C'est la raison pour laquelle on lui préférera la paire torsadée ou le câble coaxial pour de petites liaisons.

Multiplexage

On appelle **multiplexage**, la capacité à transmettre sur un seul support physique, appelé *voie haute vitesse*, des données provenant de plusieurs paires d'équipements (émetteurs et récepteurs), appelées *voies basse vitesse*.

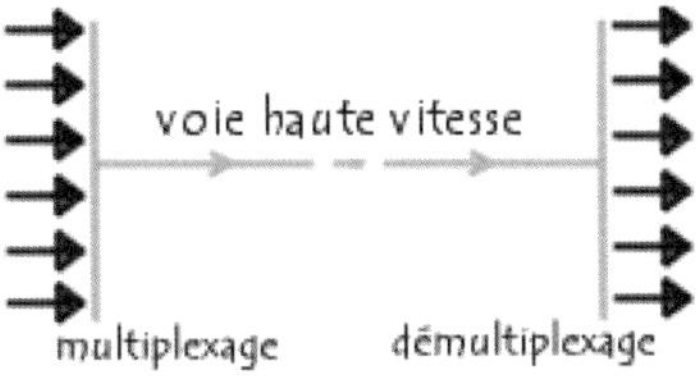

On appelle **multiplexeur** l'équipement de multiplexage permettant de combiner les signaux provenant des émetteurs pour les faire transiter sur la voie haute vitesse.

On nomme **démultiplexeur** l'équipement de multiplexage sur lequel les récepteurs sont raccordés à la voie haute vitesse.

Multiplexage fréquentiel

Le **multiplexage fréquentiel** (appelé aussi MRF, Multiplexage par répartition de fréquence, ou FDM, *Frequency Division Multiplexing*) permet de partager la bande de fréquence disponible sur la voie haute vitesse en une série de canaux de plus faible largeur afin de faire circuler en permanence sur la voie haute vitesse les signaux provenant des différentes voies basse vitesse.

Ce procédé est notamment utilisé sur les lignes téléphoniques et les liaisons physiques en paires torsadées afin d'en accroître le débit.

Multiplexage temporel

Le **multiplexage temporel** (appelé aussi MRT, Multiplexage par répartition dans le temps, ou TDM, *Time Division Multiplexing*) permet d'échantillonner les signaux des différentes voies basse vitesse et de les transmettre successivement sur la voie haute vitesse en leur allouant la totalité de la bande passante, et ce, même si celles-ci ne possèdent pas de données à émettre.

Multiplexage statistique

Le **multiplexage statistique** reprend les caractéristiques du multiplexage temporel, à la différence près qu'il transmet sur la voie haute vitesse uniquement les voies basse vitesse comportant des données. Le nom de ce type de multiplexage provient du fait que les multiplexeurs se basent sur des statistiques concernant le débit de chaque ligne basse vitesse.

Ainsi, la ligne haute vitesse ne transmettant pas les « blancs », les performances sont meilleures qu'avec un multiplexage temporel.

Protocoles réseau

Notion de protocole

Un **protocole** est une méthode standard qui permet la communication entre des processus (s'exécutant éventuellement sur différentes machines), c'est-à-dire un ensemble de règles et de procédures à respecter pour émettre et recevoir des données sur un réseau. Il en existe plusieurs selon ce que l'on attend de la communication. Certains protocoles seront par exemple spécialisés dans l'échange de fichiers (le FTP), d'autres pourront servir à gérer simplement l'état de la transmission et des erreurs (c'est le cas du protocole ICMP)...

Sur Internet, les protocoles utilisés font partie d'une suite de protocoles, c'est-à-dire un ensemble de protocoles reliés entre eux. Cette suite de protocole s'appelle **TCP/IP**. Elle contient, entre autres, les protocoles suivants : HTTP, FTP, ARP, ICMP, IP, TCP, UDP, SMTP, Telnet, NNTP.

Protocoles orientés et non orientés connexion

On classe généralement les protocoles en deux catégories selon le niveau de contrôle des données que l'on désire :

- Les **protocoles orientés connexion** : il s'agit des protocoles opérant un contrôle de transmission des données **pendant** une communication établie entre deux machines. Dans un tel schéma, la machine réceptrice envoie des accusés de réception lors de la communication, ainsi la machine émettrice est garante de la validité des données qu'elle envoie. Les données sont ainsi envoyées sous forme de flot. Ex. : TCP est un protocole orienté connexion.

- Les **protocoles non orientés connexion** : il s'agit d'un mode de communication dans lequel la machine émettrice envoie des données sans prévenir la machine réceptrice, et la machine réceptrice reçoit les données sans envoyer d'avis de réception à la première. Les données sont ainsi envoyées sous forme de blocs (datagrammes). Ex. : UDP est un protocole non orienté connexion.

Protocole et implémentation

Un **protocole** définit uniquement la façon par laquelle les machines doivent communiquer, c'est-à-dire la forme et la séquence des données à échanger. Il ne définit pas la manière de programmer un logiciel pour qu'il soit compatible avec le protocole : on appelle **implémentation** la traduction d'un protocole en langage informatique.

Les **spécifications** des protocoles ne sont jamais exhaustives, aussi il est courant que les implémentations soient l'objet d'une certaine interprétation des spécifications, ce qui conduit parfois à des spécificités de certaines implémentations ou pire à des incompatibilités ou des failles de sécurité !

Adresse IP

Sur Internet, les ordinateurs communiquent entre eux grâce au protocole IP (*Internet Protocol*), qui utilise des adresses numériques, appelées **adresses IP**, composées de quatre nombres entiers (4 octets) entre 0 et 255 et notées sous la forme xxx.xxx.xxx.xxx. Par exemple, *194.153.205.26* est une adresse IP donnée sous une forme technique.

Ces adresses servent aux ordinateurs du réseau pour communiquer entre eux, ainsi chaque ordinateur d'un réseau possède une adresse IP unique sur ce réseau.

C'est l'**ICANN** (*Internet Corporation for Assigned Names and Numbers*, remplaçant l'IANA, *Internet Assigned Numbers Agency*, depuis 1998) qui est chargée d'attribuer des adresses IP publiques, c'est-à-dire les adresses IP des ordinateurs directement connectés sur le réseau public Internet.

Déchiffrement d'une adresse IP

Une adresse IP est une adresse 32 bits, généralement notée sous forme de 4 nombres entiers séparés par des points. On distingue en fait deux parties dans l'adresse IP :

- l'**ID de réseau** (*netID*) qui désigne le réseau et qui est donnée par les nombres de gauche ;
- l'**ID d'hôte** (*host-ID*) qui désigne les ordinateurs de ce réseau et qui est donnée par les nombres de droite.

Exemple

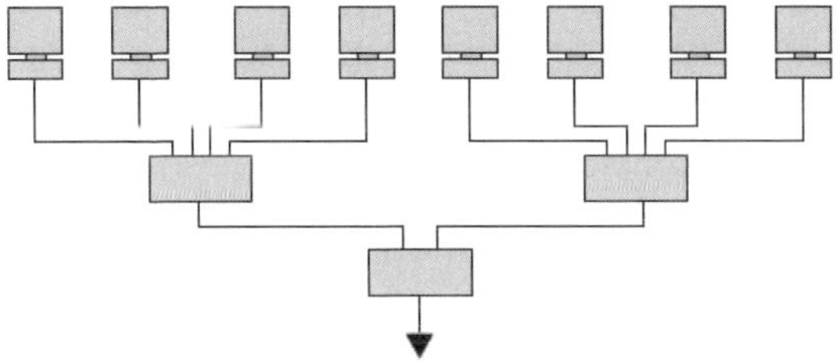

Les réseaux sont notés *194.28.12* et *178.12.77*, puis on numérote incrémentalement chacun des ordinateurs le constituant.
Le réseau de gauche *194.28.12.0* contient les ordinateurs suivants : 194.28.12.**1** à 194.28.12.**4**
Le réseau de droite *178.12.0.0* comprend les ordinateurs suivants : 178.12.77.**1** à 178.12.77.**6**

Imaginons un réseau noté *58.0.0.0*. Les ordinateurs de ce réseau pourront avoir les adresses IP allant de *58.0.0.1* à *58.255.255.254*. Il s'agit donc d'attribuer les numéros de telle façon qu'il y ait une organisation dans la hiérarchie des ordinateurs et des serveurs.

Ainsi, plus le nombre de bits réservé au réseau est petit, plus celui-ci peut contenir d'ordinateurs.

En effet, un réseau noté *102.0.0.0* peut contenir des ordinateurs dont l'adresse IP peut varier entre 102.0.0.1 et 102.255.255.254 (256*256*256-2 = 16 777 214 possibilités), tandis qu'un réseau noté *194.26* ne pourra contenir que des ordinateurs dont l'adresse IP sera comprise entre 194.26.0.1 et 194.26.255.254 (256*256-2 = 65 534 possibilités), c'est la notion de **classe d'adresse IP**.

Adresses particulières

Lorsque l'on annule la partie host-ID, c'est-à-dire lorsque l'on remplace les bits réservés aux machines du réseau par des zéros (par exemple *194.28.12.0*), on obtient ce que l'on appelle l'**adresse réseau**. Cette adresse ne peut être attribuée aucun des ordinateurs du réseau.

Lorsque la partie netID est annulée, c'est-à-dire lorsque les bits réservés au réseau sont remplacés par des zéros, on obtient l'**adresse machine**. Cette adresse représente la machine spécifiée par le host-ID qui se trouve sur le réseau courant.

Lorsque tous les bits de la partie host-ID sont à 1, l'adresse obtenue est appelée l'**adresse de diffusion** (*broadcast*). Il s'agit d'une adresse spécifique, permettant d'envoyer un message à toutes les machines situées sur le réseau spécifié par le *netID*.

À l'inverse, lorsque tous les bits de la partie netID sont à 1, l'adresse obtenue constitue l'**adresse de diffusion limitée** (*multicast*).

Enfin, l'adresse **127.0.0.1** est appelée **adresse de rebouclage** (*loopback*), car elle désigne la **machine locale** (*localhost*).

Classes de réseaux

Les adresses IP sont réparties en classes, selon le nombre d'octets qui représentent le réseau.

❏ Classe A

Dans une adresse IP de classe A, le **premier octet** représente le réseau. Le **bit de poids fort** (le premier bit, celui de gauche) est à zéro, ce qui signifie qu'il y a 2^7 (00000000 à 01111111) possibilités de réseaux, soit 128 possibilités. Toutefois, le réseau 0 (bits valant 00000000) n'existe pas et le nombre 127 est réservé pour désigner votre machine.

Les réseaux disponibles en classe A sont donc les réseaux allant de **1.0.0.0** à **126.0.0.0** (les derniers octets sont des zéros ce qui indique qu'il s'agit bien de réseaux et non d'ordinateurs !)

Les trois octets de droite représentent les ordinateurs du réseau, le réseau peut donc contenir un nombre d'ordinateur égal à :

$$2^{24}-2 = 16\ 777\ 214 \text{ ordinateurs}$$

Exemple

Une adresse IP de classe A, en binaire, ressemble à ceci :

```
0  xxxxxxx    xxxxxxxx  xxxxxxxx  xxxxxxxx
Réseau        Ordinateurs
```

❑ Classe B

Dans une adresse IP de classe B, les **deux premiers octets** représentent le réseau. Les deux premiers bits sont 1 et 0, ce qui signifie qu'il y a 2^{14} (10 000000 00000000 à 10 111111 11111111) possibilités de réseaux, soit 16 384 réseaux possibles. Les réseaux disponibles en classe B sont donc les réseaux allant de **128.0.0.0** à **191.255.0.0**.

Les deux octets de droite représentent les ordinateurs du réseau. Le réseau peut donc contenir un nombre d'ordinateurs égal à :

$$2^{16}-2^{1} = 65\ 534 \text{ ordinateurs}$$

Exemple

Une adresse IP de classe B, en binaire, ressemble à ceci :

```
10  xxxxxx  xxxxxxxx    xxxxxxxx  xxxxxxxx
Réseau                  Ordinateurs
```

❑ Classe C

Dans une adresse IP de classe C, les **trois premiers octets** représentent le réseau. Les trois premiers bits sont 1, 1 et 0, ce qui signifie qu'il y a 2^{21} possibilités de réseaux, c'est-à-dire 2 097 152. Les réseaux disponibles en classe C sont donc les réseaux allant de **192.0.0.0** à **223.255.255.0.**

L'octet de droite représente les ordinateurs du réseau, le réseau peut donc contenir :

$$2^8-2^1 = 254 \text{ ordinateurs}$$

Exemple

Une adresse IP de classe C, en binaire, ressemble à ceci :

```
110  xxxxx  xxxxxxxx  xxxxxxxx    xxxxxxxx
Réseau                            Ordinateurs
```

Attribution des adresses IP

Le but de la division des adresses IP en trois classes A, B et C est de faciliter la recherche d'un ordinateur sur le réseau. En effet avec cette notation il est possible de rechercher dans un premier temps le réseau que l'on désire atteindre puis de chercher un ordinateur sur celui-ci. Ainsi l'**attribution des adresses** IP se fait selon la taille du réseau.

Classe	Nombre de réseaux possibles	Nombre d'ordinateurs maximum sur chacun
A	126	16 777 214
B	16 384	65 534
C	2 097 152	254

Les adresses de classe A sont réservées aux très grands réseaux, tandis que l'on attribuera les adresses de classe C à des petits réseaux d'entreprise par exemple.

❑ Adresses IP réservées

Il arrive fréquemment dans une entreprise ou une organisation qu'un seul ordinateur soit relié à **Internet**, c'est par son intermédiaire que les autres ordinateurs du réseau accèdent à Internet (on parle généralement de proxy ou de passerelle).

Dans ce cas de figure, seul l'ordinateur relié à Internet a besoin de réserver une adresse IP auprès de l'ICANN. Toutefois, les autres ordinateurs ont tout de même besoin d'une adresse IP pour pouvoir communiquer ensemble en interne.

Ainsi, l'ICANN a réservé une poignée d'adresses dans chaque classe pour permettre d'affecter une adresse IP aux ordinateurs d'un réseau local relié à Internet sans risquer de créer des conflits d'adresses IP sur le réseau des réseaux. Il s'agit des adresses suivantes :

- **Adresses IP privées de classe A** : 10.0.0.1 à 10.255.255.254, permettant la création de vastes réseaux privés comprenant des milliers d'ordinateurs.
- **Adresses IP privées de classe B** : 172.16.0.1 à 172.31.255.254, permettant de créer des réseaux privés de taille moyenne.
- **Adresses IP privées de classe C** : 192.168.0.1 à 192.168.0.254, pour la mise en place de petits réseaux privés.

Masques de sous-réseau

Un masque de sous-réseau contient des 1 aux emplacements des bits que l'on désire conserver, et des 0 pour ceux que l'on veut annuler. Une fois ce masque créé, il suffit de faire un ET logique entre la valeur que l'on désire masquer et le masque afin de garder intacte la partie que l'on désire et annuler le reste.

Ainsi, un **masque réseau** (*netmask*) se présente sous la forme de 4 octets séparés par des points (comme une adresse IP), il comprend (dans sa notation binaire) des zéros au niveau des bits de l'adresse IP que l'on veut annuler (et des 1 au niveau de ceux que l'on désire conserver).

❑ Intérêt d'un masque de sous-réseau

Le premier intérêt d'un **masque de sous-réseau** est de permettre d'identifier simplement le réseau associé à une adresse IP. En effet, le réseau est déterminé par un certain nombre d'octets de l'adresse IP (1 octet pour les adresses de classe A, 2 octets pour les adresses de classe B, et 3 octets pour la classe C). De plus, un réseau est noté en prenant le nombre d'octets qui le caractérise, puis en complétant avec des 0.

Exemple

Pour connaître l'adresse du réseau associé à l'adresse IP *34.56.123.12*, de classe A, il suffit d'appliquer un masque dont le premier octet ne comporte que des 1 (soit 255 en notation décimale), puis des 0 sur les octets suivants. Le masque est :

```
11111111.00000000.00000000.00000000
```

Le masque associé à l'adresse IP *34.208.123.12* est donc *255.0.0.0*.
La valeur binaire de 34.208.123.12 est :

```
00100010.11010000.01111011.00001100
```

Un ET logique entre l'adresse IP et le masque donne ainsi le résultat suivant :

```
00100010.11010000.01111011.00001100
          ET
11111111.00000000.00000000.00000000
          =
00100010.00000000.00000000.00000000
```

Soit *34.0.0.0*, qui est donc le réseau associé à l'adresse *34.208.123.12*

En généralisant, il est possible d'obtenir les masques correspondant à chaque classe d'adresse :

- Pour une adresse de **Classe A**, seul le premier octet doit être conservé. Le masque possède la forme suivante :

  ```
  11111111.00000000.00000000.00000000
  ```

  c'est-à-dire **255.0.0.0** en notation décimale.
- Pour une adresse de **Classe B**, les deux premiers octets doivent être conservés, ce qui donne le masque suivant :

  ```
  11111111.11111111.00000000.00000000
  ```

  c'est-à-dire **255.255.0.0** en notation décimale.
- Pour une adresse de **Classe C**, avec le même raisonnement, le masque possédera la forme suivante :

  ```
  11111111.11111111.11111111.00000000
  ```

  c'est-à-dire **255.255.255.0** en notation décimale.

❑ Création de sous-réseaux

Reprenons l'exemple du réseau 34.0.0.0, et supposons que l'on désire que les deux premiers bits du deuxième octet permettent de désigner le réseau.

Le masque à appliquer sera alors :

```
11111111.11000000.00000000.00000000
```

C'est-à-dire 255.192.0.0.

Si on applique ce masque à l'adresse 34.208.123.12 on obtient :

```
34.192.0.0
```

En réalité, il y a quatre cas de figures possibles pour le résultat du masquage d'une adresse IP d'un ordinateur du réseau 34.0.0.0 :

- Soit les deux premiers bits du deuxième octet sont **00**, auquel cas le résultat du masquage est **34.0.0.0**.
- Soit les deux premiers bits du deuxième octet sont **01**, auquel cas le résultat du masquage est **34.64.0.0**.
- Soit les deux premiers bits du deuxième octet sont **10**, auquel cas le résultat du masquage est **34.128.0.0**.
- Soit les deux premiers bits du deuxième octet sont **11**, auquel cas le résultat du masquage est **34.192.0.0**.

Ce masquage divise donc un réseau de classe A (pouvant admettre 16 777 214 ordinateurs) en quatre sous-réseaux – d'où le nom de **masque de sous-réseau** – pouvant admettre 2^{22} ordinateurs, c'est-à-dire 4 194 304 ordinateurs.

Il peut être intéressant de remarquer que dans les deux cas, le nombre total d'ordinateurs est le même, soit 16 777 214 ordinateurs (4 × 4 194 304 – 2).

Le nombre de sous-réseaux dépend du nombre de bits attribués en plus au réseau (ici 2). Le nombre de sous-réseaux est donc :

Nombre de bits	Nombre de sous-réseaux
1	2
2	4
3	8

Nombre de bits	Nombre de sous-réseaux
4	16
5	32
6	64
7	128
8[a]	256

a. Impossible pour une classe C.

Système de noms de domaine

Chaque ordinateur directement connecté à Internet possède au moins une adresse IP propre. Cependant, les utilisateurs ne veulent pas travailler avec des adresses numériques du genre *194.153.205.26* mais avec des noms de machine ou des adresses plus explicites (appelées **adresses FQDN**) du type :

http://www.commentcamarche.net/

Ainsi, il est possible d'associer des noms en langage courant aux adresses numériques grâce à un système appelé **DNS** (*Domain Name System*).

On appelle **résolution de noms de domaine** (ou *résolution d'adresses*) la corrélation entre les adresses IP et le nom de domaine associé.

Noms d'hôtes

Aux origines de TCP/IP, étant donné que les réseaux étaient très peu étendus ou autrement dit que le nombre d'ordinateurs connectés à un même réseau était faible, les administrateurs réseau créaient des fichiers appelés « tables de conversion manuelle ». Ces tables de conversion manuelle étaient des fichiers séquentiels, généralement nommés **hosts** ou **hosts.txt**, associant sur chaque ligne l'adresse IP de la machine et le nom littéral associé, appelé **nom d'hôte**.

Introduction au DNS

Le système précédent de tables de conversion nécessitait néanmoins la mise à jour manuelle des tables de tous les ordinateurs en cas d'ajout ou de modification d'un nom de machine. Ainsi, avec l'explosion de la taille des réseaux, et de leur interconnexion, il a fallu mettre en place un système de gestion des noms hiérarchisé et plus facilement administrable. Le système nommé **DNS** (*Domain Name System* ou *système de noms de domaine*) a été mis au point en novembre 1983 par Paul Mockapetris (RFC 882 et RFC 883), puis révisé en 1987 dans les RFC 1034 et 1035[1]. Le DNS a fait l'objet depuis de nombreuses RFC.

Ce système propose :

- un **espace de noms** hiérarchique permettant de garantir l'unicité d'un nom dans une structure arborescente, à la manière des systèmes de fichiers d'Unix ;
- un système de **serveurs distribués** permettant de rendre disponible l'espace de noms ;
- un système de **clients** permettant de « résoudre » les noms de domaines, c'est-à-dire interroger les serveurs afin de connaître l'adresse IP correspondant à un nom.

❑ Espace de noms

La structuration du système DNS s'appuie sur une structure arborescente dans laquelle sont définis des domaines de niveau supérieurs (appelés **TLD**, *Top Level Domains*), rattachés à un nœud racine représenté par un point.

On appelle **nom de domaine** chaque nœud de l'arbre. Chaque nœud possède une étiquette (*label*) d'une longueur maximale de 63 caractères. L'ensemble des noms de domaine constitue ainsi un arbre inversé où chaque nœud est séparé du suivant par un point « . ».

1. *www.ietf.org/rfc/rfc882.txt* : Domain Names - Concepts and Facilities
www.ietf.org/rfc/rfc883.txt : Domain Names - Implementation and Specification
www.ietf.org/rfc/rfc1034.txt : Domain Names - Concepts and Facilities
www.ietf.org/rfc/rfc1035.txt : Domain Names - Implementation and Specification

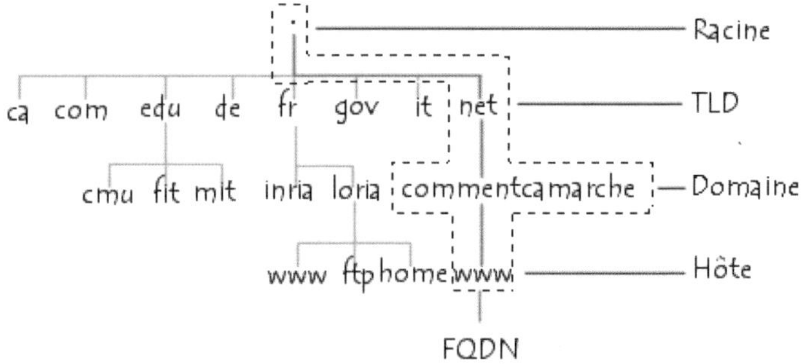

L'extrémité d'une branche est appelée **hôte**, et correspond à une machine ou une entité du réseau. Le nom d'hôte qui lui est attribué doit être unique dans le domaine considéré, ou le cas échéant dans le sous-domaine. À titre d'exemple le serveur web d'un domaine porte ainsi généralement le nom *www*.

Le mot **domaine** correspond formellement au suffixe d'un nom de domaine, c'est-à-dire l'ensemble des étiquettes de nœuds d'une arborescence, à l'exception de l'hôte.

Le nom absolu correspondant à l'ensemble des étiquettes des nœuds d'une arborescence séparées par des points, et terminé par un point final, est appelé **adresse FQDN** (*Fully Qualified Domain Name* soit *nom de domaine totalement qualifié*). La profondeur maximale de l'arborescence est de 127 niveaux et la longueur maximale d'un nom FQDN est de 255 caractères. L'adresse FQDN permet de repérer de façon unique une machine sur le réseau des réseaux.

➤ Ainsi *www.commentcamarche.net.* représente une adresse FQDN.

❑ Serveurs de noms

Les machines appelées **serveurs de noms de domaine** permettent d'établir la correspondance entre le nom de domaine et l'adresse IP des machines d'un réseau.

Chaque domaine possède un serveur de noms de domaines, appelé **serveur de noms primaire** (*primary domain name server*), ainsi qu'un **serveur de noms secondaire** (*secondary domaine name server*) permettant de prendre le relais du serveur de noms primaire en cas d'indisponibilité.

Chaque serveur de noms est déclaré dans à un serveur de noms de domaine de niveau immédiatement supérieur, ce qui permet implicitement une délégation d'autorité sur les domaines. Le système de nom est une architecture distribuée, où chaque entité est responsable de la gestion de son nom de domaine. Il n'existe donc pas d'organisme ayant à charge la gestion de l'ensemble des noms de domaines.

Les serveurs correspondant aux domaines de plus haut niveau (TLD) sont appelés **serveurs de noms racine**. Il en existe treize, répartis sur la planète, possédant les noms **a.root-servers.net** à **m.root-servers.net**.

Un serveur de noms définit une zone, c'est-à-dire un ensemble de domaines sur lequel le serveur a autorité. Le système de noms de domaine est transparent pour l'utilisateur, néanmoins il ne faut pas oublier les points suivants :

- Chaque ordinateur doit être configuré avec l'adresse d'une machine capable de transformer n'importe quel nom en une adresse IP. Cette machine est appelée DNS (*Domain Name Server*). Pas de panique : lorsque vous vous connectez à Internet, le fournisseur d'accès va automatiquement modifier vos paramètres réseau pour vous mettre à disposition ces serveurs de noms.
- L'adresse IP d'un second DNS (*secondary Domain Name Server*) doit également être définie : le serveur de noms secondaire peut relayer le serveur de noms primaire en cas de dysfonctionnement.

À savoir

Le serveur le plus répandu s'appelle **BIND** (*Berkeley Internet Name Domain*). Il s'agit d'un logiciel libre disponible sous les systèmes Unix, développé initialement par l'université de Berkeley en Californie et désormais maintenu par l'*ISC* (*Internet Systems Consortium*).

❑ Résolution de noms de domaine

Le mécanisme consistant à trouver l'adresse IP correspondant au nom d'un hôte est appelé **résolution de nom de domaine**. L'application permettant de réaliser cette opération (généralement intégrée au système d'exploitation) est appelée **résolveur** (*resolver*).

Lorsqu'une application souhaite se connecter à un hôte connu par son nom de domaine (par exemple www.commentcamarche.net), celle-ci va interroger un serveur de noms défini dans sa configuration réseau. Chaque machine connectée au réseau possède en effet dans sa configuration les adresses IP de deux serveurs de noms de son fournisseur d'accès :

- Une requête est ainsi envoyée au premier serveur de noms (serveur de nom primaire). Si celui-ci possède l'enregistrement dans son cache, il l'envoie à l'application, dans le cas contraire il interroge un **serveur racine** (dans notre cas un serveur racine correspondant au TLD « .net »).
- Le serveur de noms racine renvoie une liste de serveurs de noms faisant autorité sur le domaine (dans le cas présent les adresses IP des serveurs de noms primaire et secondaire de *commentcamarche.net*).
- Le serveur de noms primaire faisant autorité sur le domaine va alors être interrogé et retourner l'enregistrement correspondant à l'hôte sur le domaine (dans notre cas *www*).

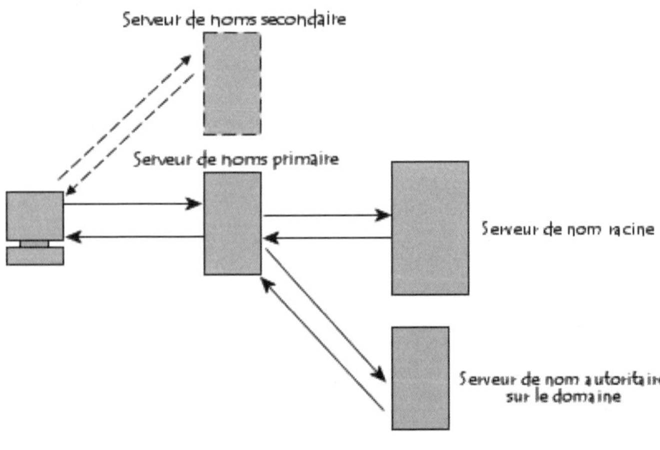

Types d'enregistrements

Un DNS est une base de données répartie contenant des enregistrements, appelés **RR** (*Resource Records*), concernant les noms de domaines. En raison du système de cache permettant au système DNS d'être réparti, les enregistrements de chaque domaine possèdent une durée de vie, appelée **TTL** (*Time To Live*, traduisez *espérance de vie*), permettant aux serveurs intermédiaires de connaître la date de péremption des informations et ainsi savoir s'il est nécessaire ou non de la revérifier.

D'une manière générale, un enregistrement DNS comporte les informations suivantes :

- **Nom de domaine** : le nom de domaine doit être un nom FQDN, c'est-à-dire être terminé par un point. Si le point est omis, le nom de domaine est relatif, c'est-à-dire que le nom de domaine principal suffixera le domaine saisi.
- **Type** : une valeur sur 16 bits spécifiant le type de ressource décrit par l'enregistrement. Le type de ressource peut être un des suivants :

  • **A** : il s'agit du type de base établissant la correspondance entre un nom canonique et une adresse IP. Par ailleurs il peut exister plusieurs enregistrements A, correspondant aux différentes machines du réseau (serveurs).

  • **CNAME** (*Canonical Name*) : il permet de faire correspondre un alias au nom canonique. Il est particulièrement utile pour fournir des noms alternatifs correspondant aux différents services d'une même machine.

  • **HINFO** : il s'agit d'un champ uniquement descriptif permettant de décrire notamment le matériel (CPU) et le système d'exploitation (OS) d'un hôte. Il est généralement conseillé de ne pas le renseigner afin de ne pas fournir d'éléments d'informations pouvant se révéler utiles pour des pirates informatiques.

  • **MX** (*Mail eXchange*) : il correspond au serveur de gestion du courrier. Lorsqu'un utilisateur envoie un courrier électronique à une adresse (utilisateur@domaine), le serveur de courrier sortant interroge le serveur de nom ayant autorité sur le domaine afin d'obtenir l'enregistrement MX. Il peut exister plusieurs MX par domaine, afin de fournir une redondance en cas de panne du serveur de messagerie principal.

Ainsi l'enregistrement MX permet de définir une priorité avec une valeur pouvant aller de 0 à 65 535 :

```
www.commentcamarche.net.
IN MX 10 mail.commentcamarche.net.
```

• **NS** : il correspond au serveur de noms ayant autorité sur le domaine.

• **PTR** : c'est un pointeur vers une autre partie de l'espace de noms de domaine.

• **SOA** (*Start Of Authority*) : le champ SOA permet de décrire le serveur de noms ayant autorité sur la zone, ainsi que l'adresse électronique du contact technique (dont le caractère « @ » est remplacé par un point).

- **Classe** : la classe peut être soit **IN** (correspondant aux protocoles d'Internet), soit **CH** (pour le système chaotique).
- **RDATA** : il s'agit des données correspondant à l'enregistrement. Voici les informations attendues selon le type d'enregistrement :
  • A : une adresse IP sur 32 bits ;
  • CNAME : un nom de domaine ;
  • MX : une valeur de priorité sur 16 bits, suivi d'un nom d'hôte ;
  • NS : un nom d'hôte ;
  • PTR : un nom de domaine ;
  • SOA : plusieurs champs.

Exemple

Nom de domaine (FQDN)	TTL	Type	Classe	RData
www.commentcamarche.net	3600	A	IN	163.5.255.85

Domaines de haut niveau

Il existe deux catégories de **TLD** (*Top Level Domain*, soit *domaines de plus haut niveau*) : gTLD et les ccTLD

❑ gTLD

Les domaines dits « génériques », appelés **gTLD** (*generic TLD*). Les gTLD sont des noms de domaines génériques de niveau supérieur proposant une classification selon le secteur d'activité. Ainsi chaque gTLD possède ses propres règles d'accès :

- **gTLD historiques** :

  .arpa correspond aux machines issues du réseau originel ; il correspond aux infrastructures de gestion du réseau. Le gTLD arpa sert ainsi à la résolution inverse des machines du réseau, permettant de trouver le nom correspondant à une adresse IP.

  .com correspondait initialement aux entreprises à vocation commerciale. Désormais ce TLD est devenu le « TLD par défaut » et l'acquisition de domaines possédant cette extension est possible, y compris par des particuliers.

  .edu correspond aux organismes éducatifs ;

  .gov correspond aux organismes gouvernementaux ;

  .int correspond aux organisations internationales ;

  .mil correspond aux organismes militaires ;

  .net correspondait initialement aux organismes ayant trait aux réseaux. Ce TLD est devenu depuis quelques années un TLD courant. L'acquisition de domaines possédant cette extension est possible, y compris par des particuliers.

  .org correspond habituellement aux entreprises à but non lucratif.

- **Nouveaux gTLD** introduits en novembre 2000 par l'ICANN :

  .aero correspond à l'industrie aéronautique ;

  .biz (*business*) correspondant aux entreprises commerciales ;

  .museum correspond aux musées ;

  .name correspond aux noms de personnes ou aux noms de personnages imaginaires ;

  .info correspond aux organisations ayant trait à l'information ;

  .coop correspondant aux coopératives ;

  .pro correspondant aux professions libérales.

❑ ccTLD

Les **ccTLD** (*country code TLD*), domaines nationaux, correspondent aux différents pays et leurs noms correspondent aux abréviations des noms de pays définies par la norme ISO 3166, par exemple .fr pour la France, .es pour l'Espagne ou .br pour le Brésil.

Notion de port

De nombreux programmes TCP/IP peuvent être exécutés simultanément sur Internet (vous pouvez par exemple ouvrir plusieurs navigateurs simultanément ou bien naviguer sur des pages HTML tout en téléchargeant un fichier par FTP). Chacun de ces programmes travaille avec un protocole, toutefois l'ordinateur doit pouvoir distinguer les différentes sources de données.

Ainsi, pour faciliter ce processus, chacune de ces applications se voit attribuer une adresse unique sur la machine, codée sur 16 bits : **un port** (la combinaison *adresse IP + port* est alors une adresse unique au monde, elle est appelée **socket**).

L'adresse IP sert donc à identifier de façon unique un ordinateur sur le réseau tandis que le numéro de port indique l'application à laquelle les données sont destinées. De cette manière, lorsque l'ordinateur reçoit des informations destinées à un port, les données sont envoyées vers l'application correspondante. S'il s'agit d'une requête à destination de l'application, l'application est appelée **application serveur**. S'il s'agit d'une réponse, on parle alors d'**application cliente**.

Fonction de multiplexage

Le processus qui consiste à pouvoir faire transiter sur une connexion des informations provenant de diverses applications s'appelle le multiplexage. De la même façon le fait d'arriver à mettre en parallèle (donc répartir sur les diverses applications) le flux de données s'appelle le **démultiplexage**.

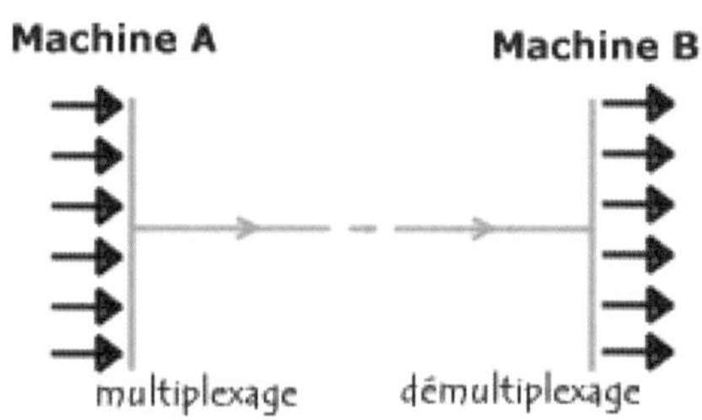

Ces opérations sont réalisées grâce au port, c'est-à-dire un numéro associé à un type d'application, qui, combiné à une adresse IP, permet de déterminer de façon unique une application qui tourne sur une machine donnée.

Assignations par défaut

Il existe des milliers de ports (ceux-ci sont codés sur 16 bits, il y a donc 65 536 possibilités), c'est pourquoi une assignation standard a été mise au point par l'IANA (*Internet Assigned Numbers Authority*)[1], afin d'aider à la configuration des réseaux :

- Les ports 0 à 1023 sont les **ports reconnus** ou réservés (*Well Known Ports*). Ils sont, de manière générale, réservés aux processus système (démons) ou aux programmes exécutés par des utilisateurs privilégiés. Un administrateur réseau peut néanmoins lier des services aux ports de son choix.
- Les ports 1024 à 49151 sont appelés **ports enregistrés** (*Registered Ports*).
- Les ports 49152 à 65535 sont les **ports dynamiques et/ou privés** (*Dynamic and/or Private Ports*).

Voici certains des ports reconnus les plus couramment utilisés :

Port	Service ou application
21	FTP
23	Telnet
25	SMTP
53	DNS
63	Whois
70	Gopher
79	Finger
80	HTTP
110	POP3
119	NNTP

1. Numéros de port assignés par l'IANA : *http://www.iana.org/assignments/port-numbers*

Ainsi, un serveur (un ordinateur que l'on contacte et qui propose des services tels que FTP, Telnet...) possède des numéros de ports fixes auxquels l'administrateur réseau a associé des services. Ainsi, les ports d'un serveur sont généralement compris entre 0 et 1023 (fourchette de valeurs associées à des services connus).

Du côté du client, le port est choisi aléatoirement parmi ceux disponibles par le système d'exploitation. Ainsi, les ports du client ne seront jamais compris entre 0 et 1023 car cet intervalle de valeurs représente les ports connus.

URL

Structure

Une **URL** (*Uniform Resource Locator*)[1] est un format de nommage universel pour désigner une ressource sur Internet. Il s'agit d'une chaîne de caractères ASCII imprimables qui se décompose en cinq parties :

- **Nom du protocole** : c'est-à-dire en quelque sorte le langage utilisé pour communiquer sur le réseau. Le protocole le plus largement utilisé est le protocole HTTP (*HyperText Transfer Protocol*), le protocole permettant d'échanger des pages web au format HTML. De nombreux autres protocoles sont toutefois utilisables (FTP, News, Mailto, etc.)
- **Identifiant et mot de passe** : cela permet de spécifier les paramètres d'accès à un serveur sécurisé. Cette option est déconseillée car le mot de passe est visible dans l'URL.
- **Nom du serveur** : il s'agit d'un nom de domaine de l'ordinateur hébergeant la ressource demandée. Notez qu'il est possible d'utiliser l'adresse IP du serveur, ce qui rend par contre l'URL moins lisible.
- **Numéro de port** : il s'agit d'un numéro associé à un service permettant au serveur de savoir quel type de ressource est demandé. Le port associé par défaut au protocole est le port numéro 80. Ainsi, lorsque le service web du serveur est

1. Le format des URL est défini par la RFC 1738 : http://www.ietf.org/rfc/rfc1738.txt

associé au numéro de port 80, le numéro de port est facultatif.

Chemin d'accès à la ressource : cette dernière partie permet au serveur de connaître l'emplacement de la ressource, c'est-à-dire de manière générale l'emplacement (répertoire) et le nom du fichier demandé. Une URL a donc la structure suivante :

Protocole	Mot de passe (facultatif)	Nom du serveur	Port (facultatif si 80)	Chemin
http://	user: password@	www.comment camarche.net	:80	/glossair/ glossair.php3

Les protocoles suivants peuvent par exemple être utilisés par l'intermédiaire de l'URL :

- HTTP, pour la consultation de pages web ;
- FTP, pour la consultation de sites FTP ;
- Telnet, pour la connexion à un terminal distant ;
- Mailto, pour l'envoi d'un courrier électronique.

Le nom de fichier dans l'URL peut être suivi d'un point d'interrogation puis de données au format ASCII, il s'agit de données supplémentaires envoyées en paramètre d'une application sur le serveur (un script CGI par exemple). L'URL ressemblera alors à une chaîne de caractères comme celle-ci :

```
http://www.commentcamarche.net/forum/index.php3?cat=1&page=2
```

Codage d'une URL

Étant donné que l'URL est un moyen d'envoyer des informations à travers Internet (pour envoyer des données à un script CGI par exemple), il est nécessaire de pouvoir envoyer des **caractères spéciaux**, or les URL ne peuvent pas contenir de caractères spéciaux. De plus, certains caractères sont réservés car ils ont une signification (le slash permet de spécifier un sous-répertoire, les caractères & et ? servent à l'envoi de données par formulaires...). Enfin les URL peuvent être incluses dans un document HTML, ce qui rend difficile l'insertion de caractères tels que < ou > dans l'URL.

C'est pourquoi un codage est nécessaire ! Le codage consiste à remplacer les caractères spéciaux par le caractère % (devenant lui aussi un caractère spécial) suivi du code ASCII du caractère à coder en notation hexadécimale.

La liste des caractères nécessitant un codage particulier est présentée dans le tableau suivant.

Caractère	Codage URL	Caractère	Codage URL
Tabulation	%09	<	%3C
Espace	%20	=	%3D
"	%22	>	%3E
#	%23	?	%3F
%	%25	@	%40
&	%26	[	%5B
(	%28	\	%5C
)	%29	]	%5D
+	%2B	^	%5E
,	%2C	`	%60
.	%2E	{	%7B
/	%2F	|	%7C
:	%3A	}	%7D
;	%3B	~	%7E

TCP/IP

TCP/IP (*Transmission Control Protocol/Internet Protocol*) est une suite de protocoles. Cette appellation provient des noms des deux protocoles majeurs de la suite, c'est-à-dire TCP et IP.

TCP/IP représente d'une certaine façon l'ensemble des règles de communication sur Internet et se base sur la notion adressage IP, c'est-à-dire le fait de fournir une adresse IP à chaque machine du réseau afin de pouvoir acheminer des paquets de données. La suite de protocoles TCP/IP est conçue pour répondre à un certain nombre de critères parmi lesquels :

- le fractionnement des messages en paquets ;
- l'utilisation d'un système d'adresses ;
- l'acheminement des données sur le réseau (routage) ;
- le contrôle des erreurs de transmission de données.

Les principaux protocoles faisant partie de la suite TCP/IP sont : TCP, UDP, IP, ARP, RARP FTS, FDDI, PPP, Ethernet, Anneau à jeton (Token Ring)...

À savoir

La connaissance de l'ensemble des protocoles TCP/IP n'est pas essentielle pour un simple utilisateur, au même titre qu'un téléspectateur n'a pas besoin de connaître le fonctionnement de son téléviseur, ni des réseaux audiovisuels. Toutefois, sa connaissance est nécessaire pour les personnes désirant administrer ou maintenir un réseau TCP/IP.

Différence entre standard et implémentation

TCP/IP regroupe globalement deux notions :

- la notion de **standard** : TCP/IP représente la façon dont les communications s'effectuent sur un réseau.
- la notion d'**implémentation** : l'appellation TCP/IP est souvent étendue aux logiciels basés sur le protocole TCP/IP. TCP/IP est en fait un modèle sur lequel les développeurs d'applications réseau s'appuient. Les applications sont ainsi des implémentations du protocole TCP/IP.

Un modèle en couches

Afin de pouvoir appliquer le modèle TCP/IP à n'importe quelles machines, c'est-à-dire indépendamment du système d'exploitation, le système de protocoles TCP/IP a été décomposé en plusieurs modules effectuant chacun une tâche précise. Ces tâches sont réalisées les unes après les autres dans un ordre précis ; on obtient donc un système stratifié que l'on appelle **modèle en couches**.

Le terme de couche est utilisé pour évoquer le fait que les données qui transitent sur le réseau traversent plusieurs **niveaux de protocoles**. Ainsi, les **données** (paquets d'informations) qui circulent sur le réseau sont traitées successivement par chaque couche, qui vient rajouter un élément d'information (**en-tête**) puis sont transmises à la couche suivante.

L'intérêt d'un modèle en couches est de séparer le problème en différentes parties (les couches) selon leur niveau d'abstraction. Ainsi, chaque couche du modèle communique avec une couche adjacente, utilise les services des couches inférieures et fournit des services à la couche de niveau supérieur.

Modèle OSI

Le **modèle OSI** (*Open Systems Interconnection* ou interconnexion de systèmes ouverts) a été mis en place par l'ISO (*International Standard Organisation*, l'organisation internationale des standards, *Organisation Internationale de Normalisation*, *http://www.iso.org*) afin de normaliser les communications entre les ordinateurs d'un réseau. En effet, aux origines des réseaux chaque constructeur avait un système propre (système propriétaire) et de nombreux réseaux incompatibles coexistaient. Ce modèle a permis de standardiser la communication entre les machines afin que les différents constructeurs puissent mettre au point des produits (logiciels ou matériels) compatibles (pour peu qu'ils respectent scrupuleusement le modèle OSI).

Le modèle OSI est un modèle qui comporte 7 couches, tandis que le modèle TCP/IP n'en comporte que 4. En réalité le **modèle TCP/IP** a été développé à peu près au même moment que le modèle OSI, c'est la raison pour laquelle il s'en inspire sans mais n'est pas tout à fait conforme à ses spécifications.

Modèle OSI	
Niveau	**Couche**
Niveau 7	Couche Application
Niveau 6	Couche Présentation
Niveau 5	Couche Session
Niveau 4	Couche Transport
Niveau 3	Couche Réseau
Niveau 2	Couche Liaison de données
Niveau 1	Couche Physique

Les rôles des différentes couches sont les suivants :

- La **couche Physique** définit la façon dont les données sont physiquement converties en signaux numériques sur le média de communication (impulsions électriques, modulation de la lumière, etc.).

- La **couche Liaison de données** définit l'interface avec la carte réseau et le partage du média de transmission.
- La **couche Réseau** permet de gérer l'adressage et le routage des données, c'est-à-dire leur acheminement *via* le réseau.
- La **couche Transport** est chargée du transport des données, de leur découpage en paquets et de la gestion des éventuelles erreurs de transmission.
- La **couche Session** définit l'ouverture et la destruction des sessions de communication entre les machines du réseau.
- La **couche Présentation** définit le format des données manipulées par le niveau applicatif (leur représentation, éventuellement leur compression et leur chiffrement) indépendamment du système.
- La **couche Application** assure l'interface avec les applications. Il s'agit donc du niveau le plus proche des utilisateurs, géré directement par les logiciels.

Modèle TCP/IP

Le **modèle TCP/IP** reprend l'approche modulaire du modèle OSI (utilisation de modules ou de couches) mais ne contient, lui, que quatre couches. Ces couches ont des tâches beaucoup plus diverses étant donné qu'elles correspondent à plusieurs couches du modèle OSI.

Niveau	Modèle TCP/IP	Modèle OSI	Protocoles TCP/IP
Niveau 4	Couche Application	Couche Application	Applications réseau (Telnet, SMTP, FTP...).
		Couche Présentation	
		Couche Session	
Niveau 3	Couche Transport (TCP)	Couche Transport	TCP ou UDP
Niveau 2	Couche Internet (IP)	Couche Réseau	IP, ARP, RARP
Niveau 1	Couche Accès réseau	Couche Liaison données	FTS, FDDI, PPP, Ethernet, Anneau à jeton (Token Ring)
		Couche Physique	

Les rôles des différentes couches sont les suivants :

- La **couche Accès réseau** spécifie la forme sous laquelle les données doivent être acheminées quel que soit le type de réseau utilisé.
- La **couche Internet** est chargée de fournir le paquet de données (datagramme).
- La **couche Transport** assure l'acheminement des données, ainsi que les mécanismes permettant de connaître l'état de la transmission.
- La **couche Application** englobe les applications standards du réseau.

Encapsulation des données

Lors d'une transmission, les données traversent chacune des couches au niveau de la machine émettrice : à chaque couche, une information est ajoutée au paquet de données, il s'agit d'un **en-tête**, un ensemble d'informations qui garantit la transmission. Au niveau de la machine réceptrice, lors du passage dans chaque couche, l'en-tête est lu, puis supprimé. Ainsi, à la réception, le message est dans son état originel...

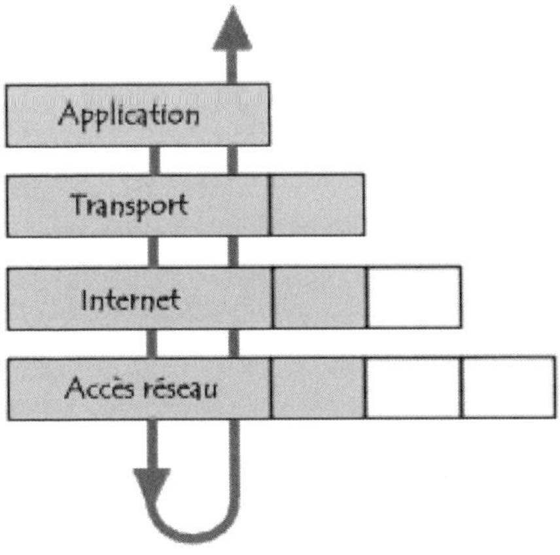

À chaque niveau, le **paquet de données** change d'aspect, car on lui ajoute un en-tête, ainsi les appellations changent suivant les couches :

- Le paquet de données est appelé **message** au niveau de la couche Application.
- Le message est ensuite encapsulé sous forme de **segment** dans la couche Transport.
- Le segment une fois encapsulé dans la couche Internet prend le nom de **datagramme.**
- Enfin, on parle de **trame** au niveau de la couche Accès réseau

Couche Accès réseau

La **couche Accès réseau** est la première couche de la pile TCP/IP, elle offre les capacités à accéder à un réseau physique quel qu'il soit, c'est-à-dire les moyens à mettre en œuvre afin de transmettre des données *via* un réseau.

Cette couche contient toutes les spécifications concernant la transmission de données sur un réseau physique, qu'il s'agisse de réseau local (Token Ring, Ethernet, FDDI), de connexion à une ligne téléphonique ou n'importe quel type de liaison à un réseau. Elle prend en charge les notions suivantes :

- acheminement des données sur la liaison ;
- coordination de la transmission de données (synchronisation) ;
- format des données ;
- conversion des signaux (analogique/numérique) ;
- contrôle des erreurs à l'arrivée…

Heureusement toutes ces spécifications sont transparentes aux yeux de l'utilisateur, car l'ensemble de ces tâches est en fait réalisé par le système d'exploitation, et par les drivers du matériel permettant la connexion au réseau (par exemple le driver de la carte réseau).

Couche Internet

La **couche Internet** est la couche la plus importante, car c'est elle qui définit les datagrammes (paquets de données), et qui gère les notions d'adressage IP.

Elle permet l'acheminement des datagrammes vers des machines distantes ainsi que de la gestion de leur fragmentation et de leur assemblage à réception.

La couche Internet contient cinq protocoles : IP, ARP, ICMP, RARP et IGMP. IP, ARP et ICMP sont les protocoles les plus importants.

Couche Transport

Les protocoles des couches précédentes permettent d'envoyer des informations d'une machine à une autre. La **couche Transport** permet à des applications tournant sur des machines distantes de communiquer.

Le problème consiste à identifier ces applications. En effet, suivant la machine et son système d'exploitation, l'application pourra être un programme, une tâche, un processus... De plus, la dénomination de l'application peut varier d'un système à un autre, c'est la raison pour laquelle un système de numéro a été mis en place afin de pouvoir associer un type d'application à un type de données, ces identifiants sont appelés **ports**.

La couche Transport contient deux protocoles permettant à deux applications d'échanger des données indépendamment du type de réseau emprunté (c'est-à-dire indépendamment des couches inférieures...), il s'agit des protocoles suivants :

- TCP, un protocole orienté connexion qui assure le contrôle des erreurs.
- UDP, un protocole non orienté connexion dont le contrôle d'erreur est archaïque.

Couche Application

La **couche Application** est la couche située au sommet des couches de protocoles TCP/IP. Elle contient les applications réseaux permettant de communiquer grâce aux couches inférieures.

Les logiciels de cette couche communiquent donc grâce à un des deux protocoles de la couche inférieure (la couche Transport) c'est-à-dire TCP ou UDP.

Les applications de cette couche sont de différents types, mais la plupart sont des **services réseau**, c'est-à-dire des applications fournies à l'utilisateur pour assurer l'interface avec le système d'exploitation. On peut les classer selon les services qu'ils rendent en :

- services de gestion (transfert) de fichier et d'impression,
- services de connexion au réseau,
- services de connexion à distance,
- utilitaires Internet divers.

Protocole TCP

TCP (*Transmission Control Protocol* ou *protocole de contrôle de transmission*) est l'un des principaux protocoles de la couche Transport du modèle TCP/IP. Il permet, au niveau des applications, de gérer les données en provenance (ou à destination) de la couche inférieure du modèle (c'est-à-dire le protocole IP). Lorsque les données sont fournies au protocole IP, celui-ci les encapsule dans des **datagrammes IP**. TCP est un protocole orienté connexion, c'est-à-dire qu'il permet à deux machines qui communiquent de contrôler l'état de la transmission.

Les caractéristiques principales du protocole TCP sont les suivantes :

- TCP permet de remettre en ordre les datagrammes en provenance du protocole IP.
- TCP permet de vérifier le flot de données afin d'éviter une saturation du réseau.
- TCP permet de formater les données en segments de longueur variable afin de les « remettre » au protocole IP.
- TCP permet de multiplexer les données, c'est-à-dire de faire circuler simultanément des informations provenant de sources (applications par exemple) distinctes sur une même ligne.

- TCP permet enfin l'initialisation et la fin d'une communication de manière courtoise.

Objectifs du protocole TCP

Grâce au protocole TCP, les applications peuvent communiquer de façon sûre (grâce au système d'accusés de réception du protocole TCP), indépendamment des couches inférieures. Cela signifie que les routeurs (qui travaillent dans la couche Internet) ont pour seul rôle l'acheminement des données sous forme de datagrammes, sans se préoccuper du contrôle des données, car celui-ci est réalisé par la couche Transport (plus particulièrement par le protocole TCP).

Lors d'une communication à travers le protocole TCP, les deux machines doivent établir une connexion. La machine émettrice (celle qui demande la connexion) est appelée **client**, tandis que la machine réceptrice est appelée **serveur**. On dit qu'on est alors dans un environnement **client/serveur**. Les machines dans un tel environnement communiquent en **mode connecté**, c'est-à-dire que la communication se fait dans les deux sens.

Pour permettre le bon déroulement de la communication et de tous les contrôles qui l'accompagnent, les données sont **encapsulées**, c'est-à-dire qu'on ajoute aux paquets de données un en-tête qui va permettre de synchroniser les transmissions et d'assurer leur réception.

Une autre particularité de TCP est de pouvoir réguler le débit des données grâce à sa capacité à émettre des messages de taille variable, ces messages sont appelés **segments**.

TCP permet aussi d'effectuer le multiplexage/démultiplexage.

Format des données sous TCP

Un segment TCP est constitué de différents champs :

- **Port Source** (16 bits) : port relatif à l'application en cours sur la machine source.
- **Port Destination** (16 bits) : port relatif à l'application en cours sur la machine de destination.
- **Numéro d'ordre** (32 bits) :

• lorsque le drapeau SYN est à 0, le numéro d'ordre est celui du premier mot du segment en cours ;

• lorsque SYN est à 1, le numéro d'ordre est égal au numéro d'ordre initial utilisé pour synchroniser les numéros de séquence (ISN).

➤ **Numéro d'accusé de réception** (32 bits) : le numéro d'accusé de réception également appelé numéro d'acquittement correspond au numéro (d'ordre) du prochain segment attendu, et non le numéro du dernier segment reçu.

➤ **Décalage des données** (4 bits) : il permet de repérer le début des données dans le paquet. Le décalage est ici essentiel car le champ d'options est de taille variable.

➤ **Réservé** (6 bits) : champ inutilisé actuellement mais prévu pour l'avenir.

➤ **Drapeaux (flags)** (6x1 bit) : les drapeaux représentent des informations supplémentaires :

• **URG** : si ce drapeau est à 1 le paquet doit être traité de façon urgente.

• **ACK** : si ce drapeau est à 1 le paquet est un accusé de réception.

• **PSH** (PUSH) : si ce drapeau est à 1, le paquet fonctionne suivant la méthode PUSH.

• **RST** : si ce drapeau est à 1, la connexion est réinitialisée.

• **SYN** : le Flag TCP SYN indique une demande d'établissement de connexion.

• **FIN** : si ce drapeau est à 1 la connexion s'interrompt.

➤ **Fenêtre** (16 bits) : champ permettant de connaître le nombre d'octets que le récepteur souhaite recevoir sans accusé de réception

➤ **Somme de contrôle** (*checksum* ou CRC) : la somme de contrôle est réalisée en faisant la somme des champs de données de l'en-tête, afin de pouvoir vérifier l'intégrité de l'en-tête.

➤ **Pointeur d'urgence** (16 bits) : indique le numéro d'ordre à partir duquel l'information devient urgente.

➤ **Options** (taille variable) : des options diverses.

➤ **Remplissage** : on remplit l'espace restant après les options avec des zéros pour avoir une longueur multiple de 32 bits.

<table>
<tr><td>0</td><td>1</td><td>2</td><td>3</td><td>4</td><td>5</td><td>6</td><td>7</td><td>8</td><td>9</td><td>10</td><td>11</td><td>12</td><td>13</td><td>14</td><td>15</td><td>16</td><td>17</td><td>18</td><td>19</td><td>20</td><td>21</td><td>22</td><td>23</td><td>24</td><td>25</td><td>26</td><td>27</td><td>28</td><td>29</td><td>30</td><td>31</td></tr>
<tr><td colspan="16">Port Source</td><td colspan="16">Port destination</td></tr>
<tr><td colspan="32">Numéro d'ordre</td></tr>
<tr><td colspan="32">Numéro d'accusé de réception</td></tr>
<tr><td colspan="4">Décalage données</td><td colspan="6">réservée</td><td>URG</td><td>ACK</td><td>PSH</td><td>RST</td><td>SYN</td><td>FIN</td><td colspan="16">Fenêtre</td></tr>
<tr><td colspan="16">Somme de contrôle</td><td colspan="16">Pointeur d'urgence</td></tr>
<tr><td colspan="22">Options</td><td colspan="10">Remplissage</td></tr>
<tr><td colspan="32">Données</td></tr>
</table>

Fiabilité des transferts

Le protocole TCP permet d'assurer le transfert des données de façon fiable, bien qu'il utilise le protocole IP, qui n'intègre aucun contrôle de livraison de datagrammes.

En réalité, le protocole TCP possède un **système d'accusé de réception** permettant au client et au serveur de s'assurer de la bonne réception mutuelle des données.

Lors de l'émission d'un segment, un **numéro d'ordre** (appelé aussi *numéro de séquence*) est associé. À réception d'un segment de données, la machine réceptrice va retourner un segment de données dont le drapeau ACK est à 1 (afin de signaler qu'il s'agit d'un accusé de réception) accompagné d'un numéro d'accusé de réception égal au numéro d'ordre précédent.

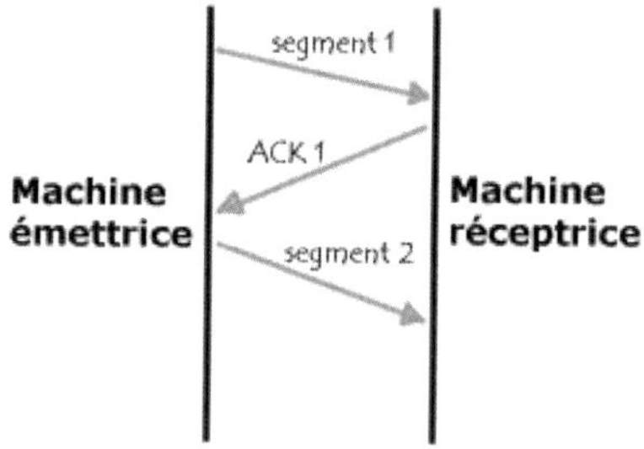

De plus, grâce à une minuterie déclenchée dès émission d'un segment au niveau de la machine émettrice, le segment est réexpédié dès que le temps imparti est écoulé, car dans ce cas la machine émettrice considère que le segment est perdu...

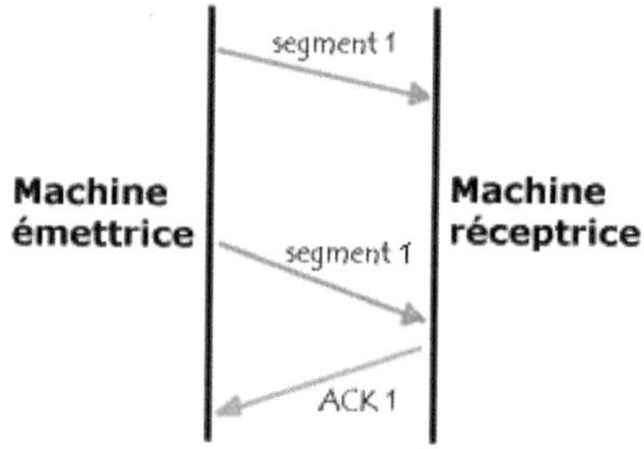

Toutefois, si le segment n'est pas perdu et qu'il arrive tout de même à destination, la machine réceptrice saura grâce au numéro d'ordre qu'il s'agit d'un doublon et ne conservera que le dernier segment arrivé à destination...

Établissement d'une connexion

Étant donné que ce processus de communication, qui se fait grâce à une émission de données et à un accusé de réception, est basé sur un numéro d'ordre, il faut que les machines émettrices et réceptrices (client et serveur) connaissent le numéro d'ordre initial de l'autre machine.

L'**établissement de la connexion** entre deux applications se fait souvent selon le schéma suivant :

- les ports TCP doivent être ouverts,
- l'application sur le serveur est passive, c'est-à-dire que l'application est à l'écoute, en attente d'une connexion,
- l'application sur le client fait une requête de connexion sur le serveur dont l'application est en **ouverture passive**. L'application du client est dite **en ouverture active**.

Les deux machines doivent donc synchroniser leurs séquences grâce à un mécanisme communément appelé **three ways handshake** (poignée de main en trois temps), que l'on retrouve aussi lors de la clôture de session.

Ce dialogue permet d'initier la communication, il se déroule en trois temps, comme sa dénomination l'indique :

- Dans un premier temps la machine émettrice (le client) transmet un segment dont le drapeau SYN est à 1 (pour signaler qu'il s'agit d'un segment de synchronisation), avec un numéro d'ordre N, que l'on appelle **numéro d'ordre initial du client**.
- Dans un second temps la machine réceptrice (le serveur) reçoit le segment initial provenant du client, puis lui envoie un accusé de réception, c'est-à-dire un segment dont le drapeau ACK est à 1 et le drapeau SYN est à 1 (car il s'agit là encore d'une synchronisation). Ce segment contient le numéro d'ordre de cette machine (du serveur) qui est le numéro d'ordre initial du client. Le champ le plus important

de ce segment est le champ accusé de réception qui contient le numéro d'ordre initial du client, incrémenté de 1

➤ Enfin, le client transmet au serveur un accusé de réception, c'est-à-dire un segment dont le drapeau ACK est à 1, dont le drapeau SYN est à zéro (il ne s'agit plus d'un segment de synchronisation). Son numéro d'ordre est incrémenté et le numéro d'accusé de réception représente le numéro d'ordre initial du serveur incrémenté de 1

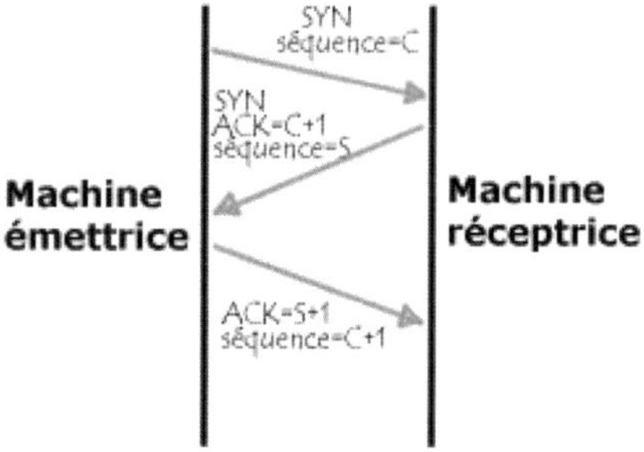

Suite à cette séquence comportant trois échanges les deux machines sont synchronisées et la communication peut commencer !

Attention !

Il existe une technique de piratage, appelée **spoofing IP**, permettant de corrompre cette relation d'approbation à des fins malicieuses !

❑ Méthode de la fenêtre glissante

Dans de nombreux cas, il est possible de limiter le nombre d'accusés de réception, afin de désengorger le réseau, en fixant un nombre de séquences au bout duquel un accusé de réception est nécessaire. Ce nombre est en fait stocké dans le **champ Fenêtre** de l'en-tête TCP/IP.

On appelle effectivement cette méthode **méthode de la fenêtre glissante** car on définit en quelque sorte une fourchette de séquences n'ayant pas besoin d'accusé de réception, et celle-ci se déplace au fur et à mesure que les accusés de réception sont reçus.

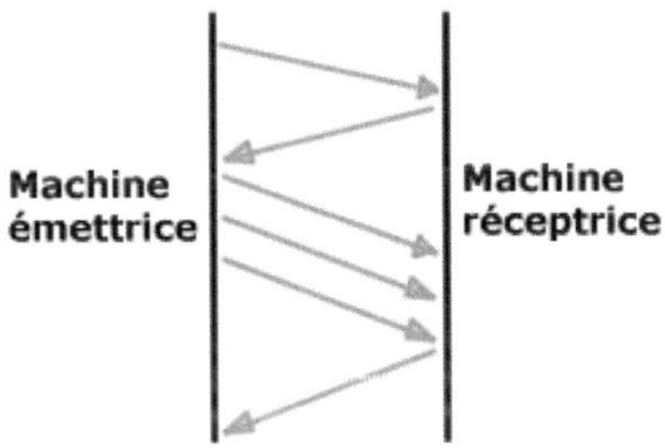

La taille de cette fenêtre n'est pas fixe. En effet, le serveur peut inclure dans ses accusés de réception en stockant dans le champ Fenêtre la taille de la fenêtre qui lui semble la plus adaptée. Ainsi, lorsque l'accusé de réception indique une demande d'augmentation de la fenêtre, le client va déplacer le bord droit de la fenêtre.

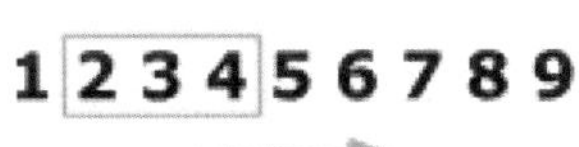

Par contre, dans le cas d'une diminution, le client ne va pas déplacer le bord droit de la fenêtre vers la gauche mais attendre que le bord gauche avance (avec l'arrivée des accusés de réception).

Fin d'une connexion

Le client peut demander à mettre **fin à une connexion** au même titre que le serveur. La fin de la connexion se fait de la manière suivante :

- Une des machines envoie un segment avec le drapeau FIN à 1, et l'application se met en état d'attente de fin, c'est-à-dire qu'elle finit de recevoir le segment en cours et ignore les suivants.
- Après réception de ce segment, l'autre machine envoie un accusé de réception avec le drapeau FIN à 1 et continue d'expédier les segments en cours.
- Suite à cela la machine informe l'application qu'un segment FIN a été reçu, puis envoie un segment FIN à l'autre machine, ce qui clôture la connexion...

Pour en savoir plus
Reportez-vous à la RFC 793 expliquant de manière détaillée le protocole TCP :
– RFC 793 traduite en français :
http://abcdrfc.free.fr/rfc-vf/rfc793.html
– RFC 793 originale :
http://www.ietf.org/rfc/rfc793.txt

Protocole IP

Le **protocole IP** fait partie de la couche Internet de la suite de protocoles TCP/IP. C'est un des protocoles les plus importants d'Internet car il permet l'élaboration et le transport des datagrammes IP (les paquets de données), sans toutefois en assurer la « livraison ». En réalité, le protocole IP traite les datagrammes IP indépendamment les uns des autres en définissant leur représentation, leur routage et leur expédition.

Le protocole IP détermine le destinataire du message grâce à trois champs :

- Le champ Adresse IP : c'est l'adresse de la machine.

- Le champ Masque de sous-réseau : un masque de sous-réseau permet au protocole IP de déterminer la partie de l'adresse IP qui concerne le réseau.
- Le champ Passerelle par défaut : il permet au protocole Internet de savoir à quelle machine remettre le datagramme si jamais la machine de destination n'est pas sur le réseau local.

Datagrammes

Les données circulent sur Internet sous forme de **datagrammes** (on parle aussi de paquets). Les datagrammes sont des données encapsulées, c'est-à-dire des données auxquelles on a ajouté des en-têtes correspondant à des informations sur leur transport (telles que l'adresse IP de destination).

Les données contenues dans les datagrammes sont analysées (et éventuellement modifiées) par les routeurs permettant leur transit.

Voici ce à quoi ressemble un datagramme :

<table>
<tr><td colspan="6"><– 32 bits –></td></tr>
<tr><td>Version
(4 bits)</td><td colspan="2">Longueur
d'en-tête
(4 bits)</td><td>Type de
service
(8 bits)</td><td colspan="2">Longueur totale
(16 bits)</td></tr>
<tr><td colspan="4">Identification
(16 bits)</td><td>Drapeau
(3 bits)</td><td>Décalage fragment
(13 bits)</td></tr>
<tr><td colspan="2">Durée de vie
(8 bits)</td><td colspan="2">Protocole
(8 bits)</td><td colspan="2">Somme de contrôle en-tête
(16 bits)</td></tr>
<tr><td colspan="6">Adresse IP source (32 bits)</td></tr>
<tr><td colspan="6">Adresse IP destination (32 bits)</td></tr>
<tr><td colspan="6">Données</td></tr>
</table>

Voici la signification des différents champs :

- **Version** (4 bits) : il s'agit de la version du protocole IP que l'on utilise (actuellement on utilise la version 4 IPv4) afin de vérifier la validité du datagramme. Elle est codée sur 4 bits.

- **Longueur d'en-tête** (IHL, *Internet Header Length,* 4 bits) : il s'agit du nombre de mots de 32 bits constituant l'en-tête (la valeur minimale est 5). Ce champ est codé sur 4 bits.
- **Type de service** (8 bits) : il indique la façon selon laquelle le datagramme doit être traité.
- **Longueur totale** (16 bits) : il indique la taille totale du datagramme en octets. La taille de ce champ étant de 2 octets, la taille totale du datagramme ne peut dépasser 65 536 octets. Utilisé conjointement avec la taille de l'en-tête, ce champ permet de déterminer où sont situées les données.
- **Identification, drapeaux** (*flags*) et **déplacement de fragment** sont des champs qui permettent la fragmentation des datagrammes (voir section suivante).
- **Durée de vie** (TTL, *Time To Live*, 8 bits) : ce champ indique le nombre maximal de routeurs à travers lesquels le datagramme peut passer. Ainsi ce champ est décrémenté à chaque passage dans un routeur, lorsque celui-ci atteint la valeur critique de 0, le routeur détruit le datagramme. Cela évite l'encombrement du réseau par les datagrammes perdus.
- **Protocole** (8 bits) : ce champ, en notation décimale, permet de savoir de quel protocole est issu le datagramme :
  - ICMP : 1
  - IGMP : 2
  - TCP : 6
  - UDP : 17
- **Somme de contrôle de l'en-tête** (*header checksum,* 16 bits) : ce champ contient une valeur codée sur 16 bits qui permet de contrôler l'intégrité de l'en-tête afin de déterminer si celui-ci n'a pas été altéré pendant la transmission. La somme de contrôle est le complément à un de tous les mots de 16 bits de l'en-tête (champ Somme de contrôle exclu). Celle-ci est en fait telle que lorsque l'on fait la somme des champs de l'en-tête (somme de contrôle incluse), on obtient un nombre avec tous les bits positionnés à 1.
- **Adresse IP source** (32 bits) : ce champ représente l'adresse IP de la machine émettrice, il permet au destinataire de répondre.
- **Adresse IP destination** (32 bits) : adresse IP du destinataire du message.

Fragmentation des datagrammes IP

Comme nous l'avons vu précédemment, la taille d'un datagramme maximale est de 65 536 octets. Toutefois cette valeur n'est jamais atteinte car les réseaux n'ont pas une capacité suffisante pour envoyer de si gros paquets. De plus, les réseaux sur Internet utilisent différentes technologies, si bien que la taille maximale d'un datagramme varie suivant le type de réseau.

La taille maximale d'une trame est appelée **MTU** (*Maximum Transfer Unit*), elle entraînera la fragmentation du datagramme si celui-ci a une taille plus importante que le MTU du réseau.

Type de réseau	MTU (en octets)
Arpanet	1 000
Ethernet	1 500
FDDI	4 470

La **fragmentation d'un datagramme** se fait au niveau des **routeurs**, c'est-à-dire lors de la transition d'un réseau dont le MTU est important à un réseau dont le MTU est plus faible. Si le datagramme est trop grand pour passer sur le réseau, le routeur va le fragmenter, c'est-à-dire le découper en fragments de tailles inférieures au MTU du réseau et de telle façon que la taille du fragment soit un multiple de 8 octets.

Le routeur va ensuite envoyer ces fragments de manière indépendante et les réencapsuler (ajouter un en-tête à chaque fragment) de façon à tenir compte de leur taille. De plus, le routeur ajoute des informations afin que la machine de destination puisse réassembler les fragments dans le bon ordre. Rien ne dit toutefois que les fragments arriveront dans le bon ordre, étant donné qu'ils sont acheminés indépendamment les uns des autres.

Pour tenir compte de la fragmentation, chaque datagramme possède plusieurs champs permettant leur réassemblage :

- **champ Déplacement de fragment** (13 bits) : champ permettant de connaître la position du début du fragment dans le datagramme initial. L'unité de mesure de ce champ est de 8 octets (le premier fragment ayant une valeur de zéro).
- **champ Identification** (16 bits) : numéro attribué à chaque fragment afin de permettre leur réassemblage.
- **champ Longueur totale** (16 bits) : il est recalculé pour chaque fragment.
- **champ Drapeau** (3 bits) : il est composé de 3 bits :
  - Le premier n'est pas utilisé.
  - Le second, **DF** (*Don't Fragment*), indique si le datagramme peut être fragmenté ou non. Si jamais un datagramme a ce bit positionné à 1 et que le routeur ne peut pas l'acheminer sans le fragmenter, alors le datagramme est rejeté avec un message d'erreur
  - Le dernier, **MF** (*More Fragments* ou français fragments à suivre), indique si le datagramme est un fragment de donnée (1). Si l'indicateur est à zéro, cela indique que le fragment est le dernier (donc que le routeur devrait être en possession de tous les fragments précédents) ou bien que le datagramme n'a pas fait l'objet d'une fragmentation

❑ Routage IP

Le **routage IP** fait partie intégrante de la couche IP de la suite TCP/IP. Le routage consiste à assurer l'acheminement d'un datagramme IP à travers un réseau en empruntant le chemin le plus court. Ce rôle est assuré par des machines appelées **routeurs**, c'est-à-dire des machines reliées (reliant) au moins deux réseaux.

Pour en savoir plus

Reportez-vous à la RFC 791 expliquant de manière détaillée le protocole IP :

– RFC 791 traduite en français :
http://abcdrfc.free.fr/rfc-vf/rfc791.html

– RFC originale :
http://www.ietf.org/rfc/rfc791.txt

Chapitre 5

Les autres protocoles du modèle TCP/IP

Protocole ARP

Le **protocole ARP** a un rôle phare parmi les protocoles de la couche Internet de la suite TCP/IP, car il permet de connaître l'adresse physique d'une carte réseau correspondant à une adresse IP, c'est pour cela qu'il s'appelle **protocole de résolution d'adresse** (ARP, *Address Resolution Protocol*).

Chaque machine connectée au réseau possède un numéro d'identification de 48 bits. Ce numéro est un numéro unique qui est fixé dès la fabrication de la carte en usine. Toutefois la communication sur Internet ne se fait pas directement à partir de ce numéro (car il faudrait modifier l'adressage des ordinateurs à chaque fois que l'on change une carte réseau) mais à partir d'une adresse dite logique attribuée par un organisme : l'**adresse IP**.

Ainsi, pour faire correspondre les adresses physiques aux adresses logiques, le protocole ARP interroge les machines du réseau pour connaître leur adresse physique, puis crée une table de correspondance entre les adresses logiques et les adresses physiques dans une mémoire cache.

Lorsqu'une machine doit communiquer avec une autre, elle consulte la table de correspondance. Si jamais l'adresse demandée ne se trouve pas dans la table, le protocole ARP émet une requête sur le réseau. Les machines du réseau vont comparer cette adresse logique à la leur. Si l'une d'entre elles s'identifie à cette adresse, la machine va répondre à ARP qui va stocker le couple d'adresses dans la table de correspondance et la communication va alors pouvoir avoir lieu…

Protocole RARP

Le **protocole RARP** (*Reverse Address Resolution Protocol*) est beaucoup moins utilisé, il signifie **protocole ARP inversé**, il s'agit donc d'une sorte d'annuaire inversé des adresses logiques et physiques.

En réalité le protocole RARP est essentiellement utilisé pour les stations de travail n'ayant pas de disque dur et souhaitant connaître leur adresse physique…

Le protocole RARP permet à une station de connaître son adresse IP à partir d'une table de correspondance entre adresse MAC (adresse physique) et adresse IP hébergée par une passerelle (*gateway*) située sur le même réseau local (LAN).

Pour cela il faut que l'administrateur paramètre le *gateway* (routeur) avec la table de correspondance des adresses MAC/IP. En effet, à la différence de ARP ce protocole est statique. Il faut donc que la table de correspondance soit toujours à jour pour permettre la connexion de nouvelles cartes réseau.

RARP souffre de nombreuses limitations. Il nécessite beaucoup de temps d'administration pour maintenir des tables importantes dans les serveurs. Cela est d'autant plus vrai que le réseau est grand. Cela pose des problèmes de ressource humaine, nécessaire au maintien des tables de correspondance, et de capacité des matériels hébergeant la partie serveur du protocole RARP. En effet, RARP permet à plusieurs serveurs de répondre à des requêtes, bien qu'il ne prévoit pas de mécanismes garantissant que tous les serveurs soient capables de répondre, ni même qu'ils répondent de manière identique. Ainsi, dans ce type d'architecture on ne peut pas avoir confiance en un serveur RARP pour savoir si à une adresse MAC peut être liée à une adresse IP parce que d'autres serveurs ARP peuvent avoir une réponse différente. Une autre limitation de RARP est qu'un serveur ne peut servir qu'un LAN.

Pour pallier les deux premiers problèmes d'administration, le protocole RARP peut être remplacé par le protocole DRARP, qui en est une version dynamique. Une autre approche, consiste à utiliser un serveur DHCP, qui lui, permet une résolution dynamique des adresses. De plus, DHCP est compatible avec le protocole BOOTP. Comme ce dernier il est routable ce qui permet de servir plusieurs LAN. Il ne marche qu'avec IP.

Pour en savoir plus
La principale documentation sur les protocoles ARP et RARP est constituée par les RFC 826 et 903 :
– RFC 826, ARP (*An Ethernet Address Resolution Protocol*) :
http://www.ietf.org/rfc/rfc826.txt
– RFC 903, RARP (*Reverse Address Resolution Protocol*) :
http://www.ietf.org/rfc/rfc903.txt

Protocole ICMP

Le **protocole ICMP** (*Internet Control Message Protocol*) est un protocole qui permet de gérer les informations relatives aux erreurs des machines connectées. Étant donné le peu de contrôles que le protocole IP réalise, il permet non pas de corriger ces erreurs mais de faire part de ces erreurs aux protocoles des couches voisines. Ainsi, le protocole ICMP est utilisé par tous les routeurs, qui l'utilisent pour signaler une erreur (appelée *delivery problem*).

Les messages d'erreur ICMP sont transportés sur le réseau sous forme de datagramme, comme n'importe quelle donnée. Ainsi, les messages d'erreur peuvent eux-mêmes être sujet d'erreurs.

Toutefois en cas d'erreur sur un datagramme transportant un message ICMP, aucun message d'erreur n'est délivré pour éviter un effet « boule de neige » en cas d'incident sur le réseau.

Voici à quoi ressemble un message ICMP encapsulé dans un datagramme IP :

En-tête	Message ICMP			
	Type (8 bits)	Code (8 bits)	Checksum (16 bits)	Message (taille variable)

Signification des messages ICMP

Type	Code	Message	Signification du message
8	0	Demande d'ECHO	Ce message est utilisé lorsqu'on utilise la commande *PING*. Cette commande, permettant de tester le réseau, envoie un datagramme à un destinataire et lui demande de le restituer.
3	0	Destinataire inaccessible	Le réseau n'est pas accessible.
3	1	Destinataire inaccessible	La machine n'est pas accessible.
3	2	Destinataire inaccessible	Le protocole n'est pas accessible.
3	3	Destinataire inaccessible	Le port n'est pas accessible.
3	4	Destinataire inaccessible	Fragmentation nécessaire mais impossible à cause du drapeau (*flag*) DF.
3	5	Destinataire inaccessible	Le routage a échoué.
3	6	Destinataire inaccessible	Réseau inconnu.
3	7	Destinataire inaccessible	Machine inconnue.
3	8	Destinataire inaccessible	Machine non connectée au réseau (inutilisé).
3	9	Destinataire inaccessible	Communication avec le réseau interdite.
3	10	Destinataire inaccessible	Communication avec la machine interdite.

Type	Code	Message	Signification du message
3	11	Destinataire inaccessible	Réseau inaccessible pour ce service.
3	12	Destinataire inaccessible	Machine inaccessible pour ce service.
3	11	Destinataire inaccessible	Communication interdite (filtrage).
4	0	Source Quench	Le volume de données envoyé est trop important, le routeur envoie ce message pour prévenir qu'il sature afin de demander de réduire la vitesse de transmission.
5	0	Redirection pour un hôte	Le routeur remarque que la route d'un ordinateur n'est pas optimale et envoie l'adresse du routeur à rajouter dans la table de routage de l'ordinateur.
5	1	Redirection pour un hôte et un service donné	Le routeur remarque que la route d'un ordinateur n'est pas optimale pour un service donné et envoie l'adresse du routeur à rajouter dans la table de routage de l'ordinateur.
5	2	Redirection pour un réseau	Le routeur remarque que la route d'un réseau entier n'est pas optimale et envoie l'adresse du routeur à rajouter dans la table de routage des ordinateurs du réseau
5	3	Redirection pour un réseau et un service donné	Le routeur remarque que la route d'un réseau entier n'est pas optimale pour un service donné et envoie l'adresse du routeur à rajouter dans la table de routage des ordinateurs du réseau.
11	0	Temps dépassé	Ce message est envoyé lorsque le temps de vie d'un datagramme est dépassé. L'en-tête du datagramme est renvoyé pour que l'utilisateur sache quel datagramme a été détruit.
11	1	Temps de réassemblage de fragment dépassé	Ce message est envoyé lorsque le temps de réassemblage des fragments d'un datagramme est dépassé.
12	0	En-tête erroné	Ce message est envoyé lorsqu'un champ d'un en-tête est erroné. La position de l'erreur est retournée.

Type	Code	Message	Signification du message
13	0	Timestamp request	Une machine demande à une autre son heure et sa date système (universelle).
14	0	Timestamp reply	La machine réceptrice donne son heure et sa date système afin que la machine émettrice puisse déterminer le temps de transfert des données.
15	0	Demande d'adresse réseau	Ce message permet de demander au réseau une adresse IP.
16	0	Réponse d'adresse réseau	Ce message répond au message précédent.
17	0	Demande de masque de sous-réseau	Ce message permet de demander au réseau un masque de sous-réseau.
18	0	Réponse de masque de sous-réseau	Ce message répond au message précédent.
17	0	Timestamp reply	La machine réceptrice donne son heure et sa date système afin que la machine émettrice puisse déterminer le temps de transfert des données.

Pour en savoir plus

Reportez-vous à la RFC 792 expliquant de manière détaillée le protocole ICMP :

– RFC 792 traduite en français :
http://abcdrfc.free.fr/rfc-vf/rfc792.html

– RFC 792 originale :
http://www.ietf.org/rfc/rfc792.txt

Protocole UDP

Le **protocole UDP** (*User Datagram Protocol*) est un protocole non orienté connexion de la couche Transport du modèle TCP/IP.

Ce protocole est très simple étant donné qu'il ne fournit pas de contrôle d'erreurs (il n'est pas orienté connexion...).

L'en-tête du segment UDP est donc très simple :

Port Source (16 bits)	Port Destination (16 bits)
Longueur (16 bits)	Somme de contrôle (16 bits)
Données (longueur variable)	

Signification des différents champs :

- **Port Source** : il s'agit du numéro de port correspondant à l'application émettrice du segment UDP. Ce champ représente une adresse de réponse pour le destinataire. Ainsi, ce champ est optionnel, cela signifie que si l'on ne précise pas le port source, les 16 bits de ce champ seront mis à zéro, auquel cas le destinataire ne pourra pas répondre cela n'est pas forcément nécessaire, notamment pour des messages unidirectionnels.
- **Port Destination** : ce champ contient le port correspondant à l'application de la machine destinataire à laquelle on s'adresse.
- **Longueur** : ce champ précise la longueur totale du segment, en-tête compris, or l'en-tête a une longueur de 4×16 bits (soient 8×8 bits) donc le champ longueur est nécessairement supérieur ou égal à 8 octets.
- **Somme de contrôle** : il s'agit d'une somme de contrôle réalisée de façon à pouvoir contrôler l'intégrité du segment.

Protocoles de routage

Les **routeurs** sont les dispositifs permettant de « choisir » le chemin que les datagrammes vont emprunter pour arriver à destination. Il s'agit de machines ayant plusieurs cartes réseau dont chacune est reliée à un réseau différent. Ainsi, dans la configuration la plus simple, le routeur n'a qu'à « regarder » sur quel réseau se trouve un ordinateur pour lui faire parvenir les datagrammes en provenance de l'expéditeur.

Toutefois, sur Internet le schéma est beaucoup plus compliqué pour les raisons suivantes :

- Le nombre de réseau auxquels un routeur est connecté est généralement important.
- Les réseaux auxquels le routeur est relié peuvent être reliés à d'autres réseaux que le routeur ne connaît pas directement.

Ainsi, les routeurs fonctionnent grâce à des **tables de routage** et des **protocoles de routage**, selon le modèle suivant :

- Le routeur reçoit une trame provenant d'une machine connectée à un des réseaux auquel il est rattaché.
- Les datagrammes sont transmis à la couche IP.
- Le routeur regarde l'en-tête du datagramme :
  - Si l'adresse IP de destination appartient à l'un des réseaux auxquels une des interfaces du routeur est rattachée, l'information doit être envoyée à la couche 4 après que l'en-tête IP ait été désencapsulé (enlevé).
  - Si l'adresse IP de destination fait partie d'un réseau différent, le routeur consulte sa table de routage, une table qui définit le chemin à emprunter pour une adresse donnée.
- Le routeur envoie le datagramme grâce à la carte réseau reliée au réseau sur lequel le routeur décide d'envoyer le paquet.

Ainsi, il y a deux scénarios, soit l'émetteur et le destinataire appartiennent au même réseau auquel cas on parle de **remise directe**, soit il y a au moins un routeur entre l'expéditeur et le destinataire, auquel cas on parle de **remise indirecte**.

Dans le cas de la remise indirecte, le rôle du routeur, notamment celui de la table de routage, est très important. Ainsi le fonctionnement d'un routeur est déterminé par la façon selon laquelle cette table de routage est créée :

- Si la table routage est entrée manuellement par l'administrateur, on parle de **routage statique** (viable pour de petits réseaux).

- Si le routeur construit lui-même la table de routage en fonctions des informations qu'il reçoit (par l'intermédiaire de protocoles de routage), on parle de **routage dynamique.**

Table de routage

La **table de routage** est une table de correspondance entre l'adresse de la machine visée et le nœud suivant auquel le routeur doit délivrer le message. En réalité il suffit que le message soit délivré sur le réseau qui contient la machine, il n'est donc pas nécessaire de stocker l'adresse IP complète de la machine : seul l'identificateur du réseau de l'adresse IP (c'est-à-dire l'ID réseau) a besoin d'être stocké.

La table de routage est donc un tableau contenant des paires d'adresses :

Adresse de destination	Adresse du prochain routeur directement accessible	Interface

Grâce à cette table, le routeur, connaissant l'adresse du destinataire encapsulée dans le message, va être capable de savoir sur quelle interface envoyer le message (cela revient à savoir quelle carte réseau utiliser), et à quel routeur, directement accessible sur le réseau auquel cette carte est connectée, remettre le datagramme.

Ce mécanisme consistant à ne connaître que l'adresse du prochain maillon menant à la destination est appelé **routage par sauts successifs** (*next-hop routing*).

Cependant, il se peut que le destinataire appartienne à un réseau non référencé dans la table de routage. Dans ce cas, le routeur utilise un **routeur par défaut** (appelé aussi *passerelle par défaut*).

Voici, de façon simplifiée, ce à quoi pourrait ressembler une table de routage :

Adresse de destination	Adresse du prochain routeur directement accessible	Interface
194.56.32.124	131.124.51.108	2

Adresse de destination	Adresse du prochain routeur directement accessible	Interface
110.78.202.15	131.124.51.108	2
53.114.24.239	194.8.212.6	3
187.218.176.54	129.15.64.87	1

Le message est ainsi remis de routeur en routeur par sauts successifs, jusqu'à ce que le destinataire appartienne à un réseau directement connecté à un routeur. Celui-ci remet alors directement le message à la machine visée...

Protocole RIP

Le **protocole RIP** (*Routing Information Protocol* ou protocole d'information de routage) est un protocole de type *Vector Distance* (vecteur distance), c'est-à-dire que chaque routeur communique aux autres routeurs la distance qui les sépare (le nombre de saut qui les sépare). Ainsi, lorsqu'un routeur reçoit un de ces messages il incrémente cette distance de 1 et communique le message aux routeurs directement accessibles. Les routeurs peuvent donc conserver de cette façon la route optimale d'un message en stockant l'adresse du routeur suivant dans la table de routage de telle façon que le nombre de sauts pour atteindre un réseau soit minimal. Toutefois ce protocole ne prend en compte que la distance entre deux machines en termes de saut, mais il ne considère pas l'état de la liaison afin de choisir la meilleure bande passante possible.

Protocole OSPF

Le **protocole OSPF** (*Open Shortest Path First*) est plus performant que le protocole RIP et commence donc à le remplacer petit à petit. Il s'agit d'un protocole de type **protocole route-link** (que l'on pourrait traduire par *protocole d'état des liens*), cela signifie que, contrairement à RIP, ce protocole n'envoie pas aux routeurs adjacents le nombre de sauts qui les sépare, mais l'état de la liaison qui les sépare. De cette façon, chaque routeur est capable de dresser une carte de l'état du réseau et peut par conséquent choisir à tout moment la route la plus appropriée pour un message donné.

De plus, ce protocole évite aux routeurs intermédiaires d'avoir à incrémenter le nombre de sauts, ce qui se traduit par une information beaucoup moins abondante, ce qui permet d'avoir une meilleure bande passante utile qu'avec RIP.

Protocoles d'accès au réseau

La plupart des personnes, n'ayant pas chez elles de lignes (câble ou Ethernet) reliées directement à Internet, sont obligées d'utiliser les lignes téléphoniques (le réseau le plus répandu) pour se connecter à Internet. La connexion se fait grâce à un **modem**, un appareil capable de convertir les données numériques de l'ordinateur en signaux analogiques (pouvant circuler sur la ligne téléphonique par modulation d'amplitude ou de fréquence, au même titre que la voix lorsque vous utilisez le téléphone).

Étant donné que seuls deux ordinateurs communiquent et que le débit d'une ligne téléphonique est faible par rapport à celui d'un réseau local, il est nécessaire d'utiliser un protocole permettant une communication standard entre les différentes machines utilisant un modem, et ne surchargeant pas la ligne téléphonique. Ces protocoles sont appelés **protocoles modem**.

Notion de liaison point à point

Par la ligne téléphonique classique, deux ordinateurs maximums peuvent communiquer par modem ensemble (au même titre qu'il n'est pas possible d'appeler simultanément deux personnes par la même ligne téléphonique). On dit alors que l'on a une **liaison point à point**, c'est-à-dire une liaison entre deux machines réduite à sa plus simple expression : il n'y a pas nécessité de partager la ligne entre plusieurs machines, chacune parle et répond à son tour.

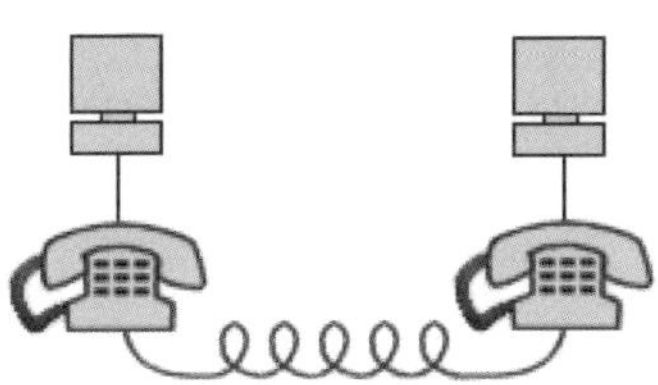

Ainsi, de nombreux protocoles de modem ont été mis au point. Les premiers d'entre eux permettaient une simple transmission de données entre deux machines, puis certains furent dotés d'un contrôle d'erreur, et avec la montée d'Internet, ils furent dotés de la capacité d'adresser des machines. De cette façon, il existe désormais deux grands protocoles de modem :

- SLIP : un protocole ancien, faible en contrôles.
- PPP : le protocole le plus utilisé pour les accès à Internet par modem, il autorise un adressage des machines.

Protocole SLIP

Le **protocole SLIP** (*Serial Line Internet Protocol*, traduisez *protocole Internet de liaison en série*) est le résultat de l'intégration des protocoles modems précédents à la suite des protocoles TCP/IP.

Il s'agit d'un protocole de liaison Internet simple n'effectuant ni contrôle d'adresse, ni contrôle d'erreur, c'est la raison pour laquelle il est vite devenu obsolète par rapport à PPP.

La transmission de données avec SLIP est très simple : ce protocole envoie une trame composée uniquement des données à envoyer suivies d'un caractère de fin de transmission (le caractère END, dont le code ASCII est 192). Une trame SLIP ressemble donc à ceci :

Données à transmettre	END

Protocole PPP

Le **protocole PPP** (*Point to Point Protocol*, traduisez *protocole point à point*) est un protocole beaucoup plus élaboré que SLIP, dans la mesure où il transfère des données supplémentaires, mieux adaptées à la transmission de données sur Internet (l'ajout d'informations dans une trame a été rendu possible par l'augmentation de la bande passante).

PPP est en réalité un ensemble de trois protocoles :

- un protocole d'encapsulation de datagrammes ;

- un protocole de contrôle de liaison (LCP, *Link Control Protocol*), permettant des contrôles de test et de configuration de la communication ;
- un ensemble de protocoles de contrôle de réseau (**NCP**, *Network Control Protocol*) permettant des contrôles d'intégration de PPP au sein de protocoles de couches supérieures.

Les données encapsulées dans une trame PPP sont appelées **paquets** (*packets*). Ces paquets sont généralement des datagrammes, mais il peut s'avérer qu'ils soient autre chose (d'où la dénomination spécifique de *paquet* au lieu de datagramme). Ainsi, un champ de la trame est réservé au type de protocole auquel le paquet appartient. Une trame PPP ressemble à ceci :

Protocole (1-2 octets)	Données à transmettre	Données de remplissage

Les données de remplissage servent à adapter la longueur de la trame pour certains protocoles.

Une session PPP (de l'ouverture à la fermeture) se déroule comme suit :

- Lors de la connexion, un paquet LCP est envoyé.
- En cas de demande d'authentification de la part du serveur, un paquet correspondant à un protocole d'authentification peut être envoyé (PAP, *Password Authentification Protocol*, ou CHAP, *Challenge Handshake Authentification Protocol* ou Kerberos).
- Une fois la communication établie, PPP envoie des informations de configuration grâce au protocole NCP.
- Les datagrammes à envoyer sont transmis sous forme de paquets.
- À la déconnexion, un paquet LCP est envoyé pour mettre fin à la session.

Pour en savoir plus
Reportez-vous à la RFC 1661 expliquant de manière détaillée le protocole PPP :
– RFC 1661 traduite en français :
http://abcdrfc.free.fr/rfc-vf/rfc1661.html
– RFC 1661 originale :
http://www.ietf.org/rfc/rfc1661.txt

Protocoles de sécurisation

Notion de réseau privé virtuel (VPN)

Les **réseaux locaux d'entreprise** (LAN ou RLE) sont des réseaux internes à une organisation, c'est-à-dire que les liaisons entre machines appartiennent à l'organisation. Ces réseaux sont de plus en plus souvent reliés à Internet par l'intermédiaire d'équipements d'interconnexion. Il arrive ainsi souvent que des entreprises éprouvent le besoin de communiquer avec des filiales, des clients ou même du personnel géographiquement éloigné *via* Internet.

Pour autant, les données transmises sur Internet sont beaucoup plus vulnérables que lorsqu'elles circulent sur un réseau interne à une organisation car le chemin emprunté n'est pas défini à l'avance, ce qui signifie que les données empruntent une infrastructure réseau publique appartenant à différents opérateurs. Ainsi, il n'est pas impossible que sur le chemin parcouru, le réseau soit écouté par un utilisateur indiscret ou même détourné. Il n'est donc pas concevable de transmettre dans de telles conditions des informations sensibles pour l'organisation ou l'entreprise.

Une solution pour répondre à ce besoin de communication sécurisé consiste à relier les réseaux distants à l'aide de liaisons spécialisées. Toutefois la plupart des entreprises ne peuvent pas se permettre de relier deux réseaux locaux distants par une ligne spécialisée, il est parfois nécessaire d'utiliser Internet comme support de transmission.

Un bon compromis consiste donc à utiliser Internet comme support de transmission en utilisant un **protocole d'encapsulation** (*tunneling*, d'où l'utilisation impropre parfois du terme « tunnelisation »), c'est-à-dire encapsulant les données à transmettre de façon chiffrée. On parle alors de **réseau privé virtuel** (RPV ou **VPN**, *Virtual Private Network*) pour désigner le réseau ainsi artificiellement créé. Ce réseau est dit **virtuel** car il relie deux réseaux physiques (réseaux locaux) par une liaison non fiable (Internet), et **privé** car seuls les ordinateurs des réseaux locaux de part et d'autre du VPN peuvent « voir » les données.

Le système de VPN permet donc d'obtenir une liaison sécurisée à moindre coût, si ce n'est la mise en œuvre des équipements terminaux. En contrepartie, il ne permet pas d'assurer une qualité de service comparable à une ligne louée dans la mesure où le réseau physique est public et donc non garanti.

Fonctionnement d'un VPN

Un réseau privé virtuel repose sur un protocole, appelé **protocole d'encapsulation** (*tunneling*), c'est-à-dire un protocole permettant aux données passant d'une extrémité du VPN à l'autre d'être sécurisées par des algorithmes de cryptographie.

Le terme de « tunnel » est utilisé pour symboliser le fait qu'entre l'entrée et la sortie du VPN les données sont chiffrées (cryptées) et donc incompréhensibles pour toute personne située entre les deux extrémités du VPN, comme si les données passaient dans un tunnel.

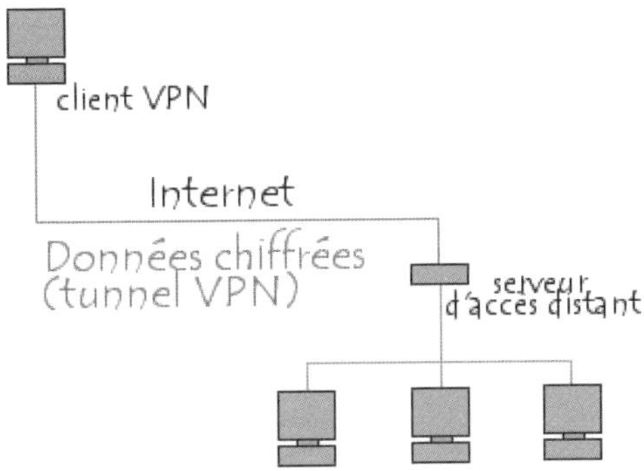

Dans le cas d'un VPN établi entre deux machines, on appelle **client VPN** l'élément permettant de chiffrer et de déchiffrer les données du côté utilisateur (client) et **serveur VPN** (ou plus généralement *serveur d'accès distant*) l'élément chiffrant et déchiffrant les données du côté de l'organisation.

De cette façon, lorsqu'un utilisateur nécessite d'accéder au réseau privé virtuel, sa requête va être transmise en clair au système passerelle, qui va se connecter au réseau distant par l'intermédiaire d'une infrastructure de réseau public, puis va transmettre la requête de façon chiffrée. L'ordinateur distant va alors fournir les données au serveur VPN de son réseau local qui va transmettre la réponse de façon chiffrée. À réception sur le client VPN de l'utilisateur, les données seront déchiffrées, puis transmises à l'utilisateur...

Protocoles de tunnelisation

Les principaux **protocoles de tunnelisation** sont les suivants :

- **PPTP** (*Point-to-Point Tunneling Protocol*) est un protocole de niveau 2 développé par Microsoft, 3Com, Ascend, US Robotics et ECI Telematics.
- **L2F** (*Layer Two Forwarding*) est un protocole de niveau 2 développé par Cisco, Northern Telecom et Shiva. Il est désormais quasi-obsolète.
- **L2TP** (*Layer Two Tunneling Protocol*) est l'aboutissement des travaux de l'IETF (RFC 2661) pour faire converger les fonctionnalités de PPTP et L2F. Il s'agit ainsi d'un protocole de niveau 2 s'appuyant sur PPP.
- **IPSec** est un protocole de niveau 3, issu des travaux de l'IETF, permettant de transporter des données chiffrées pour les réseaux IP.

Protocole PPTP

Le principe du **protocole PPTP** (*Point To Point Tunneling Protocol*) est de créer des trames sous le protocole PPP et de les encapsuler dans un datagramme IP. Ainsi, dans ce mode de connexion, les machines distantes des deux réseaux locaux sont connectées par une connexion point à point (comprenant un système de chiffrement et d'authentification), et le paquet transite au sein d'un datagramme IP.

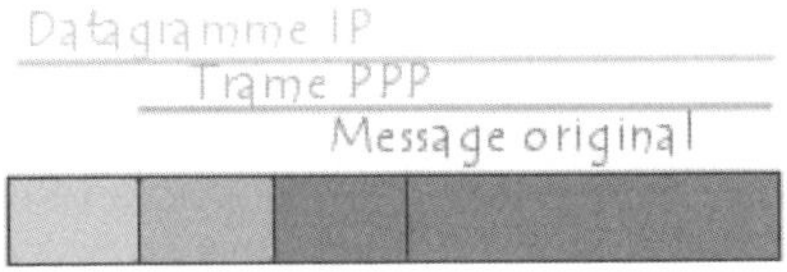

De cette façon, les données du réseau local (ainsi que les adresses des machines présentes dans l'en-tête du message) sont encapsulées dans un message PPP, qui est lui-même encapsulé dans un message IP.

Protocole L2TP

Le **protocole L2TP** est un protocole standard de tunnelisation très proche de PPTP. Ainsi le protocole L2TP encapsule des trames protocole PPP, encapsulant elles-mêmes d'autres protocoles (tels que IP, IPX ou encore NetBIOS).

Protocole IPSec

Le **protocole IPSec** est un protocole défini par l'IETF permettant de sécuriser les échanges au niveau de la couche Réseau. Il s'agit en fait d'un protocole apportant des améliorations au niveau de la sécurité au protocole IP afin de garantir la confidentialité, l'intégrité et l'authentification des échanges. Le protocole IPSec est basé sur trois modules :

- *IP Authentification Header* (**AH**) qui concerne l'intégrité, l'authentification et la protection contre le rejeu[1] des paquets à encapsuler.

1. Les attaques par « rejeu » (*replay attaque*) sont des attaques de type « Man in the middle » consistant à intercepter des paquets de données et à les rejouer, c'est-à-dire les retransmettre tels quel (sans aucun déchiffrement) au serveur destinataire.

- *Encapsulating Security Payload* (**ESP**) qui définit le chiffrement de paquets. ESP fournit la confidentialité, l'intégrité, l'authentification et la protection contre le rejeu.
- *Security Assocation* (**SA**) qui définit l'échange des clés et des paramètres de sécurité. Les SA rassemblent ainsi l'ensemble des informations sur le traitement à appliquer aux paquets IP (les protocoles AH et/ou ESP, mode tunnel ou transport, les algorithmes de sécurité utilisés par les protocoles, les clés utilisées...). L'échange des clés se fait soit de manière manuelle, soit avec le protocole d'échange IKE (la plupart du temps) qui permet aux deux parties de s'entendre sur les SA.

Chapitre 6

Protocoles applicatifs

Protocole HTTP

Le **protocole HTTP** (*HyperText Transfer Protocol*) est le protocole le plus utilisé sur Internet depuis 1990.

La version 0.9 était uniquement destinée à transférer des données sur Internet en particulier des pages web écrites en HTML.

La version 1.0 du protocole (la plus utilisée) permet désormais de transférer des messages avec des en-têtes décrivant le contenu du message en utilisant un codage de type MIME.

Le but du protocole HTTP est de permettre un transfert de fichiers localisés (essentiellement au format HTML) grâce à une chaîne de caractères appelée **URL** entre un **navigateur** (le client) et un **serveur Web** (appelé d'ailleurs *httpd* sur les machines Unix).

Communication entre navigateur et serveur

La **communication** entre le navigateur et le serveur se fait en deux temps :

- Le navigateur effectue une **requête HTTP.**
- Le serveur traite la requête puis envoie une **réponse HTTP.**

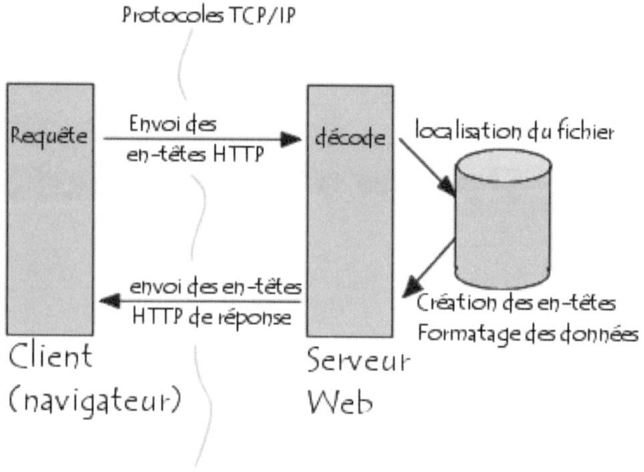

Requête HTTP

Une **requête HTTP** est un ensemble de lignes envoyé au serveur par le navigateur. Elle comprend :

- **Une ligne de requête** : c'est une ligne précisant le type de document demandé, la méthode qui doit être appliquée et la version du protocole utilisée. La ligne comprend trois éléments devant être séparés par un espace : la méthode, l'URL et la version du protocole utilisé par le client (généralement *HTTP/1.0*).
- **Les champs d'en-tête de la requête** : il s'agit d'un ensemble de lignes facultatives permettant de donner des informations supplémentaires sur la requête et/ou le client (navigateur, système d'exploitation...). Chacune de ces lignes est composée d'un nom qualifiant le type d'en-tête, suivi de deux points (:) et de la valeur de l'en-tête.
- **Le corps de la requête** : c'est un ensemble de lignes optionnelles devant être séparées des lignes précédentes par une ligne vide et permettant par exemple un envoi de données par une commande POST lors de l'envoi de données au serveur par un formulaire.

Une requête HTTP a donc la syntaxe suivante (`<crlf>` signifie retour chariot ou saut de ligne) :

```
METHODE URL VERSION<crlf>
EN-TETE : Valeur<crlf>
.
.
.
EN-TETE : Valeur<crlf>
Ligne vide<crlf>
CORPS DE LA REQUETE
```

Voici donc un exemple de requête HTTP :

```
GET http://www.commentcamarche.net HTTP/1.0
Accept : text/html
If-Modified-Since : Saturday, 15-January-2000 14:37:11 GMT
User-Agent : Mozilla/4.0 (compatible; MSIE 5.0; Windows 95)
```

❏ En-têtes de requête HTTP

Nom de l'en-tête	Description
`Accept`	Type de contenu accepté par le navigateur (par exemple *text/html*). Voir types MIME.
`Accept-Charset`	Jeu de caractères attendu par le *browser*.
`Accept-Encoding`	Codage de données accepté par le *browser*.
`Accept-Language`	Langage attendu par le *browser* (anglais par défaut).
`Authorization`	Identification du *browser* auprès du serveur.
`Content-Encoding`	Type de codage du corps de la requête.
`Content-Language`	Type de langage du corps de la requête.
`Content-Length`	Longueur du corps de la requête.
`Content-Type`	Type de contenu du corps de la requête (par exemple *text/html*).
`Date`	Date de début de transfert des données.
`Forwarded`	Utilisé par les machines intermédiaires entre le *browser* et le serveur.

Nom de l'en-tête	Description
From	Permet de spécifier l'adresse e-mail du client.
From	Permet de spécifier que le document doit être envoyé s'il a été modifié depuis une certaine date.
Link	Relation entre deux URL.
Orig-URL	URL d'origine de la requête.
Referer	URL du lien à partir duquel la requête a été effectuée.
User-Agent	Chaîne donnant des informations sur le client, comme le nom et la version du navigateur, du système d'exploitation.

❏ Commandes de requête HTTP

Commande	Description
GET	Requête de la ressource située à l'URL spécifiée.
HEAD	Requête de l'en-tête de la ressource située à l'URL spécifiée.
POST	Envoi de données au programme situé à l'URL spécifiée.
PUT	Envoi de données à l'URL spécifiée.
DELETE	Suppression de la ressource située à l'URL spécifiée.

Réponse HTTP

Une **réponse HTTP** est un ensemble de lignes envoyées au navigateur par le serveur. Elle comprend :

- **Une ligne de statut** : c'est une ligne précisant la version du protocole utilisé et l'état du traitement de la requête à l'aide d'un code et d'un texte explicatif. La ligne comprend trois éléments devant être séparés par un espace : la version du protocole utilisé, le code de statut et la signification du code.
- **Les champs d'en-tête de la réponse** : il s'agit d'un ensemble de lignes facultatives permettant de donner des informations supplémentaires sur la réponse et/ou le serveur. Chacune de ces lignes est composée d'un nom qualifiant le

type d'en-tête, suivi de deux points (:) et de la valeur de l'en-tête.

- **Le corps de la réponse** : il contient le document demandé.

Une réponse HTTP a donc la syntaxe suivante (`<crlf>` signifie retour chariot ou saut de ligne) :

```
VERSION-HTTP CODE EXPLICATION<crlf>
EN-TETE : Valeur<crlf>
.
.
.
EN-TETE : Valeur<crlf>
Ligne vide<crlf>
CORPS DE LA REPONSE
```

Voici donc un exemple de réponse HTTP :

```
HTTP/1.0 200 OK
Date : Sat, 15 Jan 2000 14:37:12 GMT
Server : Microsoft-IIS/2.0
Content-Type : text/HTML
Content-Length : 1245
Last-Modified : Fri, 14 Jan 2000 08:25:13 GMT
```

❑ En-têtes de réponse HTTP

Nom de l'en-tête	Description
`Content-Encoding`	Type de codage du corps de la réponse.
`Content-Language`	Type de langage du corps de la réponse.
`Content-Length`	Longueur du corps de la réponse
`Content-Type`	Type de contenu du corps de la réponse (ex. : *text/html*).
`Date`	Date de début de transfert des données.
`Expires`	Date limite de consommation des données.
`Forwarded`	Utilisé par les machines intermédiaires entre le *browser* et le serveur.
`Location`	Redirection vers une nouvelle URL associée au document.
`Server`	Caractéristiques du serveur ayant envoyé la réponse.

❏ Codes de réponse

Les **codes de réponse** sont les codes que vous voyez lorsque le navigateur n'arrive pas à vous fournir la page demandée. Ils sont constitués de trois chiffres : le premier indique la classe de statut et les suivants la nature exacte de l'erreur.

Code	Message	Description
10x	Message d'information	Ces codes ne sont pas utilisés dans la version 1.0 du protocole.
20x	Réussite	Ces codes indiquent le bon déroulement de la transaction.
200	OK	La requête a été accomplie correctement.
201	CREATED	Elle suit une commande POST, elle indique la réussite, le corps du reste du document est censé indiquer l'URL à laquelle le document nouvellement créé devrait se trouver.
202	ACCEPTED	La requête a été acceptée, mais la procédure qui suit n'a pas été accomplie.
203	PARTIAL INFORMATION	Lorsque ce code est reçu en réponse à une commande GET, cela indique que la réponse n'est pas complète.
204	NO RESPONSE	Le serveur a reçu la requête mais il n'y a pas d'information à renvoyer.
205	RESET CONTENT	Le serveur indique au navigateur de supprimer le contenu des champs d'un formulaire.
206	PARTIAL CONTENT	Il s'agit d'une réponse à une requête comportant l'en-tête *range*. Le serveur doit indiquer l'en-tête *content-Range*.
30x	Redirection	Ces codes indiquent que la ressource n'est plus à l'emplacement indiqué.
301	MOVED	Les données demandées ont été transférées à une nouvelle adresse.
302	FOUND	Les données demandées sont à une nouvelle URL, mais ont peut-être été déplacées depuis...

Code	Message	Description
303	METHOD	Cela implique que le client doit essayer une nouvelle adresse, en essayant de préférence une autre méthode que GET.
304	NOT MODIFIED	Si le client a effectué une commande GET conditionnelle (en demandant si le document a été modifié depuis la dernière fois) et que le document n'a pas été modifié il renvoie ce code.
40x	Erreur due au client	Ces codes indiquent que la requête est incorrecte.
400	BAD REQUEST	La syntaxe de la requête est mal formulée ou est impossible à satisfaire.
401	UNAUTHORIZED	Le paramètre du message donne les spécifications des formes d'autorisation acceptables. Le client doit reformuler sa requête avec les bonnes données d'autorisation.
402	PAYMENT REQUIRED	Le client doit reformuler sa demande avec les bonnes données de paiement.
403	FORBIDDEN	L'accès à la ressource est tout simplement interdit
404	NOT FOUND	Classique ! Le serveur n'a rien trouvé à l'adresse spécifiée. Parti sans laisser d'adresse... :)
50x	Erreur due au serveur	Ces codes indiquent qu'il y a eu une erreur interne du serveur.
500	INTERNAL ERROR	Le serveur a rencontré une condition inattendue qui l'a empêché de donner suite à la demande.
501	NOT IMPLEMENTED	Le serveur ne supporte pas le service demandé.
502	BAD GATEWAY	Le serveur a reçu une réponse invalide de la part du serveur auquel il essayait d'accéder en agissant comme une passerelle ou un proxy.
503	SERVICE UNAVAILABLE	Le serveur ne peut pas vous répondre à l'instant présent, car le trafic est trop dense.
504	GATEWAY TIMEOUT	La réponse du serveur a été trop longue vis-à-vis du temps pendant lequel la passerelle était préparée à l'attendre.

Pour en savoir plus

Reportez-vous à la RFC 1945 expliquant de manière détaillée le protocole HTTP :

–RFC 1945, *Hypertext Transfer Protocol* -- HTTP/1.0 (traduction française): *http://abcdrfc.free.fr/rfc-vf/rfc1945.html*

– RFC 1945, *Hypertext Transfer Protocol* -- HTTP/1.0 (version originale) : *http://www.ietf.org/rfc/rfc1945.txt*

– RFC 2616, Hypertext Transfer Protocol -- HTTP/1.1 (version originale) : http://www.ietf.org/rfc/rfc2616.txt

Protocole FTP

Le **protocole FTP** (*File Transfer Protocol*) est, comme son nom l'indique, un protocole de transfert de fichier. La mise en place du protocole FTP date de 1971, date à laquelle un mécanisme de transfert de fichiers (décrit dans la RFC 141) entre les machines du MIT (*Massachussetts Institute of Technology*) avait été mis au point. De nombreux RFC ont ensuite apporté des améliorations au protocole de base, mais les plus grandes innovations datent de juillet 1973. Le protocole FTP est actuellement défini par la RFC **959** (*File Transfer Protocol (FTP) - Specifications*).

Rôle du protocole FTP

Le protocole FTP définit la façon selon laquelle des données doivent être transférées sur un réseau TCP/IP. Le protocole **FTP** a pour objectifs de :

- permettre un partage de fichiers entre machines distantes ;
- permettre une indépendance aux systèmes de fichiers des machines clientes et serveur ;
- permettre de transférer des données de manière efficace.

Modèle FTP

Le protocole FTP s'inscrit dans un modèle client/serveur, c'est-à-dire qu'une machine envoie des ordres (le client) et que l'autre attend des requêtes pour effectuer des actions (le serveur).

Lors d'une connexion FTP, deux canaux de transmission sont ouverts :

- un canal pour les commandes (canal de contrôle) ;
- un canal pour les données.

Ainsi, le client comme le serveur possèdent deux processus permettant de gérer ces deux types d'information :

- Le **DTP** (*Data Transfer Process*) est le processus chargé d'établir la connexion et de gérer le canal de données. Le DTP côté serveur est appelé SERVER-DTP, le DTP côté client est appelé USER-DTP.

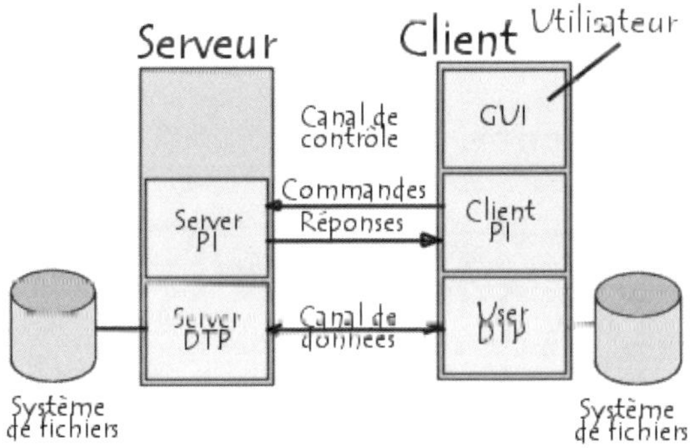

- Le **PI** (*Protocol Interpreter*) est l'interpréteur de protocole permettant de commander le DTP à l'aide des commandes reçues sur le canal de contrôle. Il est différent sur le client et sur le serveur :

  • Le SERVER-PI est chargé d'écouter les commandes provenant d'un USER-PI sur le canal de contrôle sur un port donné, d'établir la connexion pour le canal de contrôle, de recevoir sur celui-ci les commandes FTP de l'USER-PI, d'y répondre et de piloter le SERVER-DTP.

- Le USER-PI est chargé d'établir la connexion avec le serveur FTP, d'envoyer les commandes FTP, de recevoir les réponses du SERVER-PI et de contrôler le USER-DTP si besoin.

Lors de la connexion d'un client FTP à un serveur FTP, le USER-PI initie la connexion au serveur selon le protocole Telnet. Le client envoie des commandes FTP au serveur, ce dernier les interprète, pilote son DTP, puis renvoie une réponse standard. Lorsque la connexion est établie, le SERVER-PI donne le port sur lequel les données seront envoyées au USER-DTP. Le USER-DTP écoute alors sur le port spécifié les données en provenance du serveur.

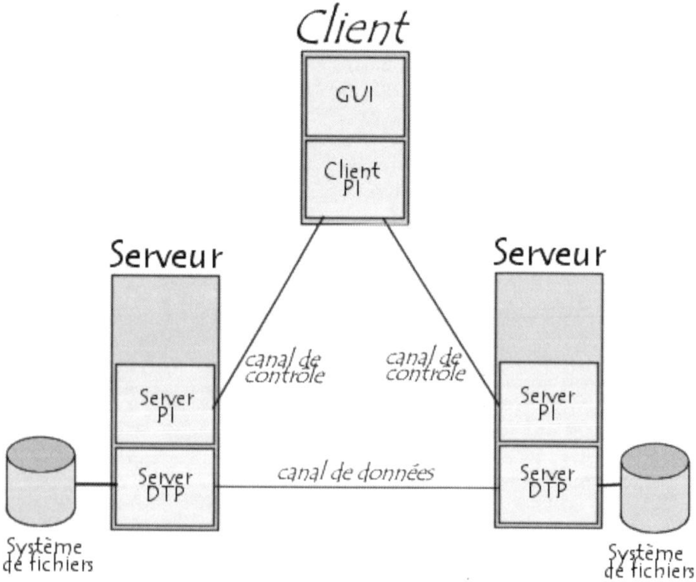

Il est important de remarquer que, les ports de contrôle et de données étant des canaux séparés, il est possible d'envoyer les commandes à partir d'une machine et de recevoir les données sur une autre.

Ainsi, il est par exemple possible de transférer des données entre deux serveurs FTP en passant par un client pour envoyer les instructions de contrôle et en transférant les informations entre deux processus serveurs connectés sur le bon port.

Dans cette configuration, le protocole impose que les canaux de contrôle restent ouverts pendant tout le transfert de données. Ainsi un serveur peut arrêter une transmission si le canal de contrôle est coupé lors de la transmission.

Commandes FTP

Toutes les communications effectuées sur le canal de contrôle suivent les recommandations du protocole Telnet. Ainsi les commandes FTP sont des chaînes de caractères Telnet (en code NVT-ASCII) terminées par le code de fin de ligne Telnet (c'est-à-dire la séquence `<CR>+<LF>`, **Carriage Return** (retour chariot) suivi du caractère **Line Feed**, notée `<CRLF>`). Si la commande FTP admet un paramètre, celui-ci est séparé de la commande par un espace (`<SP>`).

Les commandes FTP permettent de préciser :

- le port utilisé,
- le mode de transfert des données,
- la structure des données,
- la nature de l'action à effectuer (Retrieve, List, Store...).

On distingue trois types de commandes FTP :

- les commandes de contrôle d'accès,
- les commandes du paramétrage de transfert,
- les commandes de service FTP.

❑ Commande de contrôle d'accès

Commande	Description
ACCT	Chaîne de caractères représentant le compte (*account*) de l'utilisateur. Cette commande n'est généralement pas nécessaire. Lors de la réponse à l'acceptation du mot de passe, si la réponse est 230 cette phase n'est pas nécessaire, si la réponse est 332, elle l'est.

Commande	Description
CDUP	*Change to Parent Directory* : cette commande permet de remonter au répertoire parent. Elle a été introduite pour remédier aux problèmes de nommage de répertoire parent selon les systèmes (généralement "..").
CWD	*Change Working Directory* : cette commande permet de changer le répertoire courant. Cette commande nécessite le chemin d'accès au répertoire à atteindre comme argument.
PASS	Chaîne de caractères spécifiant le mot de passe de l'utilisateur. Cette commande doit être immédiatement précédée de la commande USER. Il revient au client de masquer l'affichage de cette commande pour des raisons de sécurité.
QUIT	Commande permettant de terminer la session en cours. Le serveur attend de finir le transfert en cours le cas échéant, puis de fournir une réponse avant de fermer la connexion.
USER	Chaîne de caractères permettant d'identifier l'utilisateur. L'identification de l'utilisateur est nécessaire pour établir une communication sur le canal de données.

❑ Commande du paramètrage de transfert

Commande	Description
MODE	Caractère Telnet précisant le mode de transfert des données (S pour *Stream*, B pour *Block*, C pour *Compressed*).
PASV	Commande permettant d'indiquer au serveur DTP de se mettre en attente d'une connexion sur un port spécifique choisi aléatoirement parmi les ports disponibles. La réponse à cette commande est l'adresse IP de la machine et le port.
PORT	Chaîne de caractères permettant de préciser le numéro de port à utiliser.
STRU	Caractère Telnet précisant la structure du fichier (F pour *File*, R pour *Record*, P pour *Page*).
TYPE	Cette commande permet de préciser le type de format dans lequel les données seront envoyées.

❑ Commande de service FTP

Commande	Description
ABOR	Cette commande (*abort*) indique au serveur DTP d'abandonner tous les transferts associés à la commande précédente. Si aucune connexion de données n'est ouverte, le serveur DTP ne fait rien, sinon il la ferme. Le canal de contrôle reste par contre ouvert.
ALLO	Cette commande (*allocate*) demande au serveur de prévoir un espace de stockage suffisant pour contenir le fichier dont le nom est passé en argument.
APPE	Grâce à cette commande (*append*) les données envoyées sont concaténées dans le fichier portant le nom passé en paramètre s'il existe déjà, dans le cas contraire il est créé.
DELE	Cette commande (*delete*) permet de supprimer le fichier dont le nom est passé en paramètre. Cette commande est irrémédiable, seule une confirmation au niveau du client peut être faite.
HELP	Cette commande permet de connaître l'ensemble des commandes comprises par le serveur. Les informations sont retournées sur le canal de contrôle.
LIST	Cette commande permet de renvoyer la liste des fichiers et répertoires présents dans le répertoire courant. Cette liste est envoyée sur le DTP passif. Il est possible de passer en paramètre de cette commande un nom de répertoire, le serveur DTP enverra la liste des fichiers dans le répertoire passé en paramètre.
MKD	Cette commande (*make directory*) permet de créer un répertoire. Elle indique en paramètre le nom du répertoire à créer.
NLST	Cette commande (*name liste*) permet d'envoyer la liste des fichiers et répertoires dans le répertoire courant.
NOOP	Cette commande (*no operations*) sert uniquement à obtenir une commande OK du serveur. Elle peut servir uniquement pour ne pas être déconnecté après un temps d'inactivité trop élevé
PWD	Cette commande (*print working directory*) permet de renvoyer le chemin complet du répertoire courant.

Commande	Description
REST	Cette commande (*restart*) permet de reprendre un transfert là où il s'était arrêté. Pour cela cette commande envoie en paramètre le marqueur représentant la position dans le fichier à laquelle le transfert avait été interrompu. Cette commande doit être immédiatement suivie d'une commande de transfert.
RETR	Cette commande (*RETRIEVE*) demande au serveur DTP une copie du fichier dont le chemin d'accès est passé en paramètre.
RMD	Cette commande (*remove directory*) permet de supprimer un répertoire. Elle indique en paramètre le nom du répertoire à supprimer.
RNFR	Cette commande (*rename from*) permet de renommer un fichier. Elle indique en paramètre le nom du fichier à renommer et doit être immédiatement suivie de la commande *RNTO*.
RNTO	Cette commande (*rename to*) permet de renommer un fichier. Elle indique en paramètre le nom du fichier à renommer et doit être immédiatement précédée de la commande *RNFR*.
SITE	Cette commande (*site parameters*) permet au serveur de proposer des services spécifiques, non définis dans le protocole FTP.
STAT	Cette commande (*status*) permet d'émettre l'état du serveur, par exemple pour connaître la progression d'un transfert en cours. Cette commande accepte en argument un chemin d'accès, elle retourne alors les mêmes informations que `LIST` mais sur le canal de contrôle.
STOR	Cette commande (*store*) demande au serveur DTP d'accepter les données envoyées sur le canal de données et de les stocker dans le fichier portant le nom passé en paramètre. Si le fichier n'existe pas, le serveur le crée, sinon il l'écrase.
STOU	Cette commande est identique à la précédente, si ce n'est qu'elle demande au serveur de créer un fichier dont le nom est unique. Le nom du fichier est retourné dans la réponse.
SYST	Cette commande (*system*) permet d'envoyer des informations sur le serveur distant.

Réponse FTP

Les **réponses FTP** permettent d'assurer la synchronisation entre client et serveur FTP. Ainsi à chaque commande envoyée par le client, le serveur effectuera éventuellement une action et renverra systématiquement une réponse.

Les réponses sont constituées d'un code à trois chiffres indiquant la façon suivant laquelle la commande envoyée par le client a été traitée :

- Le premier chiffre indique le statut de la réponse (succès ou échec).
- Le second chiffre indique ce à quoi la réponse fait référence.
- Le troisième chiffre donne une signification plus spécifique (relative à chaque deuxième chiffre).

Toutefois, ce code à trois chiffres étant difficilement lisible par un humain, il est accompagné d'un texte (chaîne de caractères Telnet séparée du code numérique par un espace).

❑ Premier chiffre

Chiffre	Signification	Description
1yz	Réponse préliminaire positive	L'action demandée est en cours de réalisation, une seconde réponse doit être obtenue avant d'envoyer une deuxième commande.
2yz	Réponse positive de réalisation	L'action demandée a été réalisée, une nouvelle commande peut être envoyée.
3yz	Réponse intermédiaire positive	L'action demandée est temporairement suspendue. Des informations supplémentaires sont attendues de la part du client.
4yz	Réponse négative de réalisation	L'action demandée n'a pas eu lieu car la commande n'a temporairement pas été acceptée. Le client est prié de réessayer ultérieurement.
5yz	Réponse négative permanente	L'action demandée n'a pas eu lieu car la commande n'a pas été acceptée. Le client est prié de formuler une requête différente.

❑ Second chiffre

Chiffre	Signification	Description
x**0**z	Syntaxe	L'action possède une erreur de syntaxe, ou bien il s'agit d'une commande non comprise par le serveur.
x**1**z	Information	Il s'agit d'une réponse renvoyant des informations (par exemple pour une réponse à une commande STAT).
x**2**z	Connexions	La réponse concerne le canal de données.
x**3**z	Authentification et comptes	La réponse concerne le login (USER/PASS) ou la demande de changement de compte (CPT).
x**4**z	Non utilisé par le protocole FTP	
x**5**z	Système de fichiers	La réponse concerne le système de fichiers distant.

Pour en savoir plus
La RFC 959 explique en détail le protocole FTP : *www.ietf.org/rfc/rfc959.txt*

Protocole Telnet

Le **protocole Telnet** est un protocole standard d'Internet permettant l'interfaçage de terminaux et d'applications à travers Internet. Ce protocole fournit les règles de base pour permettre de relier un client (système composé d'un affichage et d'un clavier) à un interpréteur de commande (côté serveur). Il s'appuie sur une connexion TCP pour envoyer des données au format ASCII codées sur 8 bits entre lesquelles s'intercalent des séquences de contrôle Telnet. Il fournit ainsi un système orienté communication, bi-directionnel (half-duplex), codé sur 8 bits facile à mettre en œuvre.

Le protocole Telnet repose sur trois concepts fondamentaux :

- Le paradigme du terminal réseau virtuel (NVT, *Network Virtual Terminal*).

- Le principe d'options négociées.
- Les règles de négociation.

Ce protocole est un protocole de base, sur lequel s'appuient certains autres protocoles de la suite TCP/IP (FTP, SMTP, POP3...). Les spécifications de Telnet ne mentionnent pas d'authentification car Telnet est totalement séparé des applications qui l'utilisent (le protocole FTP définit une séquence d'authentification au-dessus de Telnet). En outre le protocole Telnet est un protocole de transfert de données non sûr, c'est-à-dire que les données qu'il véhicule circulent en clair sur le réseau (de manière non chiffrée). Lorsque le protocole Telnet est utilisé pour connecter un hôte distant à la machine sur lequel il est implémenté en tant que serveur, ce protocole est assigné au port 23.

Hormis les options et les règles de négociation associées, les spécifications du protocole Telnet sont basiques. La transmission de données à travers Telnet consiste uniquement à transmettre les octets dans le flux TCP. Le protocole Telnet précise tout de même que les données doivent par défaut, c'est-à-dire si aucune option ne précise le contraire, être groupées dans un tampon avant d'être envoyées. Plus exactement cela signifie que par défaut les données sont envoyées ligne par ligne. Lorsque l'octet 255 est transmis, l'octet suivant doit être interprété comme une commande. L'octet 255 est ainsi nommé **IAC** (*Interpret As Command*, traduisez *Interpréter comme une commande*).

Les spécifications basiques du protocole Telnet sont disponibles dans la RFC 854, tandis que les nombreuses options sont décrites par les RFC 855 à 861.

RFC concernant Telnet	
RFC 854	Telnet Protocol Specifications
RFC 855	Telnet Option Specifications
RFC 856	Telnet binary transmission
RFC 857	Telnet Echo Option
RFC 858	Telnet Suppress Go ahead Option
RFC 859	Telnet Status Option
RFC 860	Telnet Timing Mark Option
RFC 861	Telnet Extended options-list Option

Notion de terminal virtuel

Aux débuts d'Internet, le réseau (ARPANET) était composé de machines dont les configurations étaient très peu homogènes (claviers, jeux de caractères, résolutions, longueur des lignes d'affichage). D'autre part, les sessions des terminaux possédaient également leur propre façon de contrôler les flux de données en entrée/sortie.

Ainsi, au lieu de créer des adaptateurs pour chaque type de terminal afin qu'il puisse y avoir une interopérabilité de ces systèmes, il a été décidé de mettre au point une interface standard, appelée **NVT** (*Network Virtual Terminal*, traduisez *terminal réseau virtuel*), fournissant une base de communication standard, composée de :

- Caractères ASCII 7 bits auxquels s'ajoute le code ASCII étendu.
- Trois caractères de contrôle.
- Cinq caractères de contrôle optionnels.
- Un jeu de signaux de contrôle basique.

Le protocole Telnet consiste ainsi à créer une abstraction du terminal, permettant à n'importe quel hôte (client ou serveur) de communiquer avec un autre hôte sans connaître ses caractéristiques.

Principe d'options négociées

Les spécifications du protocole Telnet permettent de prendre en compte le fait que certains terminaux puissent proposer des services additionnels, non définis dans les spécifications de base (mais conformes aux spécifications), afin de pouvoir utiliser des fonctions avancées. Ainsi, ces fonctionnalités se traduisent en termes d'**options**.

Le protocole Telnet propose donc un système de négociations d'options. Cela permet l'utilisation de fonctions avancées sous forme d'options de part et d'autre, en initiant des requêtes pour en demander l'autorisation au système distant. Les options de Telnet affectent séparément chaque direction du canal de données. Ainsi, chaque extrémité est à même de négocier les options, c'est-à-dire de définir les options qu'elle :

- veut utiliser (*DO*),
- refuse d'utiliser (*DON'T*),
- veut que l'autre extrémité utilise (*WILL*),
- refuse que l'autre extrémité utilise (*WON'T*).

De cette façon, chacune des parties peut émettre une demande d'utilisation d'une option. L'autre partie doit alors répondre si elle accepte ou non l'utilisation de l'option. Dans le cas où la requête concerne une désactivation d'option, le destinataire de la requête ne doit pas la refuser, pour être totalement compatible avec le modèle NVT.

La négociation d'options Telnet

Requête	Réponse	Interprétation
DO	WILL	L'émetteur commence en utilisant l'option
	WON'T	L'émetteur ne doit pas utiliser l'option
WILL	DO	L'émetteur commence en utilisant l'option, après avoir envoyé un DO
	DON'T	L'émetteur ne doit pas utiliser l'option
DON'T	WON'T	L'émetteur signale qu'il a désactivé l'option
WON'T	DON'T	L'émetteur signale que l'émetteur doit désactiver l'option

Il existe 255 codes d'options. Le protocole Telnet prévoit tout de même un espace d'adressage permettant de décrire de nouvelles options. Le RFC 855 explique comment documenter toute nouvelle option.

❑ Règles de négociation

Des **règles de négociation** d'options permettent d'éviter des situations de bouclage (par exemple qu'une des parties envoie des requêtes de négociation d'options à chaque confirmation de l'autre partie) :

- Les requêtes ne doivent être émises que lors d'un changement de mode.
- Lorsqu'une des parties reçoit une requête de changement de mode, il ne doit l'acquitter que s'il ne se trouve pas déjà dans le mode approprié.

- Une requête ne doit être insérée dans le flux de données qu'à l'endroit où elle prend effet.

Caractères de contrôle

❑ Caractères de contrôle de la sortie

Les caractères suivants sont des commandes permettant de contrôler l'affichage du terminal réseau virtuel :

Commandes de contrôle de l'affichage			
Numéro	**Code**	**Nom**	**Signification**
0	NULL	*Null*	Cette commande permet d'envoyer des données à l'hôte distant sans que celles-ci ne soient interprétées (notamment pour signaler que l'hôte local est toujours en ligne).
1	LF	*Line Feed*	Cette commande permet de déplacer le curseur d'impression à la ligne suivante, à la même position horizontale.
2	CR	*Carriage Return*	Cette commande (*Retour Chariot*) permet de déplacer le curseur d'impression à l'extrême gauche de la ligne courante.

Ainsi, on définit la commande `CRLF`, composée des deux commandes `CR` et `LF` l'une après l'autre (dans n'importe quel ordre) permettant de déplacer le curseur d'impression à l'extrême gauche de la ligne suivante.

❑ Caractères de contrôle optionnels

Les caractères précédents sont les seuls (parmi les 128 caractères du code ASCII de base et des 128 caractères du code ASCII étendu) à posséder une signification particulière pour le terminal réseau virtuel. Les caractères suivants peuvent éventuellement avoir une signification sur un terminal réseau virtuel mais ne sont pas nécessairement implémentés.

Commandes de contrôle de l'affichage			
Numéro	Code	Nom	Signification
7	BEL	*Bell*	Cette commande permet d'émettre un signal sonore ou visuel sans modifier la position du curseur.
8	BS	*BackSpace*	Cette commande permet de modifier la position du curseur vers sa position précédente.
9	HT	*Horizontal Tab*	Cette commande permet de modifier la position du curseur vers la tabulation suivante à droite.
11	VT	*Vertical Tab*	Cette commande permet de modifier la position du curseur vers la tabulation suivante de la ligne du dessous.
12	FF	*Form Feed*	Cette commande permet de modifier la position du curseur vers le bas à la page suivante en conservant la position horizontale.

❑ Caractères de contrôle de la session

Les caractères suivants sont des commandes permettant de contrôler la session Telnet.

Ces commandes pour être interprétées en tant que telles doivent être précédées du **caractère d'échappement IAC** (*Interpret As Command*).

Ainsi, si ces octets sont transmis sans être précédés du caractère IAC, ils seront traités comme de simples caractères.

Pour transmettre le caractère IAC, il faut le faire précéder d'un caractère d'échappement (lui-même) autrement dit il doit être doublé.

Les commandes correspondant à une négociation d'option doivent être suivies d'un octet précisant l'option. Ces commandes permettent d'interrompre des signaux, de supprimer des informations dans le cache du terminal…

Caractères de contrôle de la session			
Numéro	**Code**	**Nom**	**Signification**
240	SE		Fin de négociation d'option.
241	NOP	*No Operation*	Cette commande permet d'envoyer des données à l'hôte distant sans que celles-ci ne soient interprétées (notamment pour signaler que l'hôte local est toujours en ligne).
242	DM	*Data Mark*	Permet de vider l'ensemble des tampons entre le terminal réseau virtuel et l'hôte distant. Elle correspond à un appui sur la touche Synch du NVT et doit impérativement être associé à un marquage du bit Urgent de TCP.
243	BRK	*Break*	Caractère Break du terminal virtuel.
244	IP	*Interrupt Process*	Cette commande permet de suspendre, interrompre ou abandonner le processus distant.
245	AO	*Abort Output*	Cette commande permet de suspendre, interrompre ou abandonner l'affichage du processus distant.
246	AYT	*Are You There*	Cette commande permet de vérifier que le système distant est toujours « en vie ».
247	EC	*Erase Character*	Cette commande permet de supprimer le caractère précédent.
248	EL	*Erase Line*	Cette commande permet de supprimer la ligne précédente.
249	GA	*Go Ahead*	Cette commande permet d'inverser le contrôle, pour les liaisons half-duplex.
250	SB	SB	Cette commande indique que les données qui suivent sont une négociation de l'option précédente.
251	WILL	code d'option	
252	WON'T	code d'option	
253	DO	code d'option	
254	DON'T	code d'option	

Caractères de contrôle de la session			
Numéro	Code	Nom	Signification
255	IAC	*Interpret As Command*	Cette commande permet d'interpréter l'octet suivant comme une commande. La commande IAC permet d'aller au-delà des commandes de base.

Pour en savoir plus
Reportez-vous à la RFC 854 expliquant de manière détaillée le protocole Telnet :
RFC 854 traduite en français :
http://abcdrfc.free.fr/rfc-vf/rfc854.html
RFC 854 originale :
http://www.ietf.org/rfc/rfc854.txt

Protocoles de messagerie

Le **courrier électronique** est considéré comme étant le service le plus utilisé sur Internet. Ainsi la suite de protocoles TCP/IP offre une panoplie de protocoles permettant de gérer facilement le routage du courrier sur le réseau.

Protocole SMTP

Le **protocole SMTP** (*Simple Mail Transfer Protocol*, traduisez *protocole simple de transfert de courrier*) est le protocole standard permettant de transférer le courrier d'un serveur à un autre en connexion point à point.

Il s'agit d'un protocole fonctionnant en mode connecté, encapsulé dans une trame TCP/IP. Le courrier est remis directement au serveur de courrier du destinataire. Le protocole SMTP fonctionne grâce à des commandes textuelles envoyées au serveur SMTP (par défaut sur le port 25). Chacune des commandes envoyées par le client (validée par la chaîne de caractères ASCII CR/LF, équivalent à un appui sur la touche entrée) est suivie d'une réponse du serveur SMTP composée d'un numéro et d'un message descriptif.

Voici un scénario de demande d'envoi d'e-mail à un serveur SMTP

- Lors de l'ouverture de la session SMTP, la première commande à envoyer est la commande `HELO` suivie d'un espace (noté `<SP>`) et du nom de domaine de votre machine (afin de dire « bonjour je suis telle machine »), puis la validation par Entrée (noté `<CRLF>`). Depuis avril 2001, les spécifications du protocole SMTP, définies dans la RFC 2821, imposent que la commande HELO soit remplacée par la commande `EHLO`.
- La seconde commande est `MAIL FROM:` suivie de l'adresse e-mail de l'expéditeur. Si la commande est acceptée le serveur renvoie le message `250 OK`.
- La commande suivante est `RCPT TO:` suivie de l'adresse email du destinataire. Si la commande est acceptée le serveur renvoie le message `250 OK`.
- La commande `DATA` est la troisième étape de l'envoi. Elle annonce le début du corps du message. Si la commande est acceptée le serveur renvoie un message intermédiaire numéroté `354` indiquant que l'envoi du corps du mail peut commencer et considère l'ensemble des lignes suivantes jusqu'à la fin du message repéré par une ligne contenant uniquement un point. Le corps du mail contient éventuellement certains des en-têtes suivants : Date, Subject, Cc, Bcc, From.

  Si la commande est acceptée le serveur renvoie le message `250 OK`

Exemple

Exemple de transaction entre un client (`C`) et un serveur SMTP (`S`) :

```
S: 220 smtp.commentcamarche.net SMTP Ready
C: EHLO machine1.commentcamarche.net
S: 250 smtp.commentcamarche.net
C: MAIL FROM:<webmaster@commentcamarche.net>
S: 250 OK
C: RCPT TO:<meandus@meandus.net>
S: 250 OK
C: RCPT TO:<tittom@tittom.fr>
S: 550 No such user here
```

```
C: DATA
S: 354 Start mail input; end with <CRLF>.<CRLF>
C: Subject: Petit Bonjour
C: Salut Meandus,
C: comment ca va?
C:
C: A bientot !
C: <CRLF>.<CRLF>
S: 250 OK
C: QUIT
R: 221 smtp.commentcamarche.net closing transmission
```

Les spécifications de base du protocole SMTP veulent que tous les caractères transmis soient codés en code ASCII sur 7 bits et que le 8e bit soit explicitement mis à zéro. Ainsi pour envoyer des caractères accentués, il faut avoir recours à des algorithmes intégrant les spécifications MIME :

- **base64** pour les fichiers attachés,
- **quoted-printable** (QP) pour les caractères spéciaux contenus dans le corps du message.

Il est ainsi possible d'envoyer un courrier grâce à un simple Telnet sur le port 25 du serveur SMTP[1] :

```
telnet smtp.commentcamarche.net 25
```

Voici un récapitulatif des principales commandes SMTP :

Commande	Exemple	Description
HELO (désormais EHLO)	EHLO 193.56.47.125	Identification à l'aide de l'adresse IP ou du nom de domaine de l'ordinateur expéditeur
MAIL FROM:	MAIL FROM: expediteur@domaine.com	Identification de l'adresse de l'expéditeur
RCPT TO:	RCPT TO: destinataire@domaine.com	Identification de l'adresse du destinataire

1. Le serveur indiqué est volontairement inexistant, vous pouvez essayer en remplaçant *commentcamarche.net* par le domaine de votre fournisseur d'accès à Internet.

Commande	Exemple	Description
DATA	DATA message	Corps du mail
QUIT	QUIT	Sortie du serveur SMTP

L'ensemble des spécifications du protocole SMTP sont définies dans la RFC 821 (depuis avril 2001, les spécifications du protocole SMTP sont définies dans la RFC 2821).

Protocole POP3

Le **protocole POP** (*Post Office Protocol* que l'on peut traduire par *protocole de bureau de poste*) permet comme son nom l'indique d'aller récupérer son courrier sur un serveur distant (le serveur POP). Il est nécessaire pour les personnes n'étant pas connectées en permanence à Internet afin de pouvoir consulter les mails reçus hors connexion.

Il existe deux principales versions de ce protocole, **POP2** et **POP3**, auxquels sont affectés respectivement les ports 109 et 110 et fonctionnant à l'aide de commandes textuelles radicalement différentes.

Tout comme dans le cas du protocole SMTP, le protocole POP (POP2 et POP3) fonctionne grâce à des commandes textuelles envoyées au serveur POP. Chacune des commandes envoyées par le client (validée par la séquence CR/LF) est composée d'un mot-clé, éventuellement accompagné d'un ou plusieurs arguments et est suivie d'une réponse du serveur POP composée d'un numéro et d'un message descriptif.

Voici un récapitulatif des principales commandes POP2 :

Commandes POP2	
Commande	**Description**
HELLO	Identification à l'aide de l'adresse IP de l'ordinateur expéditeur.
FOLDER	Nom de la boîte à consulter.
READ	Numéro du message à lire.
RETRIEVE	Numéro du message à récupérer.

Commandes POP2	
Commande	**Description**
SAVE	Numéro du message à sauvegarder.
DELETE	Numéro du message à supprimer.
QUIT	Sortie du serveur POP2.

Voici un récapitulatif des principales commandes POP3 :

Commandes POP3	
Commande	**Description**
USER identifiant	Cette commande permet de s'authentifier. Elle doit être suivie du nom de l'utilisateur, c'est-à-dire une chaîne de caractères identifiant l'utilisateur sur le serveur. La commande USER doit précéder la commande PASS.
PASS mot_de_passe	La commande PASS, permet d'indiquer le mot de passe de l'utilisateur dont le nom a été spécifié lors d'une commande *USER* préalable.
STAT	Information sur les messages contenus sur le serveur.
RETR	Numéro du message à récupérer.
DELE	Numéro du message à supprimer.
LIST [msg]	Numéro du message à afficher.
NOOP	Permet de garder les connexions ouvertes en cas d'inactivité.
TOP <messageID> <n>	Commande affichant *n* lignes du message, dont le numéro est donné en argument. En cas de réponse positive du serveur, celui-ci renvoie les en-têtes du message, puis une ligne vierge et enfin les *n* premières lignes du message.
UIDL [msg]	Demande au serveur de renvoyer une ligne contenant des informations sur le message éventuellement donné en argument. Cette ligne contient une chaîne de caractères, appelée *listing d'identificateur unique*, permettant d'identifier de façon unique le message sur le serveur, indépendamment de la session. L'argument optionnel est un numéro correspondant à un message existant sur le serveur POP, c'est-à-dire un message non effacé).

Commandes POP3	
Commande	**Description**
QUIT	La commande `QUIT` demande la sortie du serveur POP3. Elle entraîne la suppression de tous les messages marqués comme effacés et renvoie l'état de cette action.

Le protocole POP3 gère ainsi l'authentification à l'aide d'un nom d'utilisateur et d'un mot de passe, il n'est par contre pas sécurisé car les mots de passe, au même titre que les mails, circulent en clair (de manière non chiffrée) sur le réseau. En réalité, selon la RFC 1939, il est possible de chiffrer le mot de passe en utilisant l'algorithme MD5 et ainsi bénéficier d'une authentification sécurisée. Toutefois, cette commande étant optionnelle, peu de serveurs l'implémentent D'autre part le protocole POP3 bloque la boîte aux lettres lors de la consultation, ce qui signifie qu'une consultation simultanée par deux utilisateurs d'une même boîte aux lettres est impossible.

Au même titre qu'il est possible d'envoyer un email grâce à Telnet, il est également possible d'accéder à son courrier entrant grâce à un simple Telnet sur le port du serveur POP (110 par défaut)[1] :

```
telnet mail.commentcamarche.net 110
```

Exemple

Exemple de transaction entre un client (`C`) et un serveur POP3 (`S`) :

```
S: +OK mail.commentcamarche.net POP3 service
S: (Netscape Messaging Server 4.15 Patch 6 (built Mar 31
2001))
C: USER jeff
S: +OK Name is a valid mailbox
C: PASS mon_pass
S: +OK Maildrop ready
C: STAT
S: +OK 2 0
C: TOP 1 5
```

1. Le serveur indiqué est volontairement inexistant, vous pouvez essayer en remplaçant *commentcamarche.net* par le domaine de votre fournisseur d'accès à Internet.

```
S: Subject: Petit Bonjour
S: Salut Meandus,
S: comment ca va?
S:
S: A bientot !
C: QUIT
S: +OK
```

Attention !

L'affichage des données que vous saisissez dépend du client Telnet que vous utilisez. Selon votre client Telnet, il vous faudra peut-être activer l'option **echo local**.

Protocole IMAP

Le **protocole IMAP** (*Internet Message Access Protocol*) est un protocole alternatif au protocole POP3 mais offrant beaucoup plus de possibilités :

- il permet de gérer plusieurs accès simultanés,
- il permet de gérer plusieurs boîtes aux lettres,
- il permet de trier le courrier selon plus de critères.

Pour en savoir plus

Reportez vous à la RFC 821 expliquant de manière détaillée le protocole SMTP :

– RFC 821 traduite en français :
http://abcdrfc.free.fr/rfc-vf/rfc821.html

– RFC 821 originale :
http://www.ietf.org/rfc/rfc821.txt

Chapitre 7

Internet

Internet est le réseau des réseaux ; il est constitué de plusieurs réseaux hétérogènes (de natures différentes) qui se sont connectés formant petit à petit le plus vaste des réseaux.

Sur ce réseau de nombreux **protocoles** (ou langages de communication) sont utilisés ; ils font partie d'une suite de protocoles qui s'appelle **TCP/IP** :

- IRC pour discuter en direct,
- HTTP pour consulter des pages web,
- FTP pour transférer des fichiers, etc.

À chaque protocole est assigné un numéro (le port), qui est transmis lors de la communication (la transmission est effectuée par petits paquets d'informations). Ainsi l'ordinateur est en mesure de savoir à quel programme correspond chaque petit paquet :

- les paquets HTTP arrivent sur le port 80 et sont transmis au navigateur à partir duquel la page a été appelée,
- les paquets FTP arrivent sur le port 21 et sont transmis à un client FTP.

Connexion à Internet

La **carte réseau** est l'élément de l'ordinateur qui permet de se connecter à un réseau par des lignes spécialement prévues pour faire transiter des informations numériques. Le **modem** permet, lui, de se connecter à un réseau par l'intermédiaire des lignes téléphoniques … qui ne sont pas prévues à cet effet à l'origine (mais qui restent le moyen de communication le plus répandu).

Une carte réseau possède une **adresse IP** qui la caractérise (c'est comme ça que l'on peut distinguer les différents ordinateurs sur Internet … difficile sinon de mettre en place une communication).

La connexion par l'intermédiaire d'un modem est totalement différente. En effet, un modem permet d'établir une communication entre deux ordinateurs par l'intermédiaire d'une ligne téléphonique. Vous pouvez toutefois avoir accès à un réseau (donc par extension à Internet) en contactant un ordinateur relié (d'un côté) à une ou plusieurs lignes téléphoniques (pour recevoir votre appel) et (de l'autre côté) à un réseau par l'intermédiaire d'une carte réseau. Cet ordinateur appartient généralement à votre fournisseur d'accès Internet (FAI). Lorsqu'il vous connecte par son intermédiaire, il vous prête une adresse IP que vous garderez le temps de la connexion. À chaque connexion de votre part il vous attribuera arbitrairement une des adresses IP libres qu'il possède, celle-ci n'est donc pas une adresse IP « fixe ».

World Wide Web

Le *World Wide Web* (www), également appelé **Web** ou **toile** est l'une des applications offertes par le réseau Internet. Elle permet de naviguer grâce à un logiciel (**navigateur,** *fureteur*, *butineur* ou *browser*) entre des documents (pages web) reliés par des liens hypertextes.

Une **page web** est ainsi un simple fichier texte écrit dans un langage de description (HTML), permettant de décrire la mise en pages du document et d'inclure des éléments graphiques ou bien des liens vers d'autres documents à l'aide de balises.

Au-delà des liens reliant des documents formatés, le Web prend tout son sens avec le protocole HTTP permettant de lier des documents hébergés par des ordinateurs distants (appelés **serveurs web**, par opposition au client que représente le navigateur). Sur Internet les documents sont ainsi repérés par une adresse unique, appelée **URL**, permettant de localiser une ressource sur n'importe quel serveur du réseau Internet.

À savoir

Le concept du Web a été mis au point au CERN (Centre européen de recherche nucléaire) en 1991 par une équipe de chercheurs à laquelle appartenaient Tim-Berners Lee, le créateur du concept d'hyperlien, considéré aujourd'hui comme le père fondateur du Web.

Site web

Un **site web** (aussi appelé site Internet ou « page perso » dans le cas d'un site Internet à but personnel) est un ensemble de fichiers HTML stockés sur un ordinateur (serveur web) connecté en permanence à Internet et hébergeant les pages web.

Un site web est habituellement architecturé autour d'une page centrale, appelée **page d'accueil**, proposant des liens vers un ensemble d'autres pages hébergées sur le même serveur, et parfois des liens dits « externes », c'est-à-dire vers des pages hébergées par un autre serveur.

Une URL se présente sous la forme suivante :

```
http://www.commentcamarche.com/www/www-intro.php3
```

- **http://** indique que nous souhaitons naviguer sur le Web au moyen du protocole HTTP, le protocole utilisé par défaut pour naviguer entre les pages web. Il existe d'autres protocoles, correspondant à d'autres usages de l'Internet.
- **www.commentcamarche.com** correspond à l'adresse du serveur qui héberge les pages web. Par convention les serveurs web possèdent un nom commençant par *www.*, afin de bien symboliser qu'il s'agit de serveurs dédiés à l'usage du web et surtout dans un souci de cohérence afin de permettre la mémorisation de l'adresse. La seconde partie de cette adresse est appelée nom de domaine. Un site web peut ainsi être hébergé par plusieurs serveurs, appartenant tous à un même domaine : www.commentcamarche.com, www2.commentcamarche.com, intranet.commentcamarche.com, etc.
- **/www/www-intro.php3** permet d'indiquer la localisation du document sur la machine. Dans le cas présent il s'agit du fichier *www-intro.php3* situé dans le répertoire *www*

Courrier électronique

Le **courrier électronique** (**email, e-mail** ou **courriel**) est l'un des services les plus couramment utilisés sur Internet, permettant à un expéditeur d'envoyer un message à un ou plusieurs destinataires. Le courrier électronique a été inventé par Ray Tomlinson en 1972.

À savoir

L'Académie française lui a trouvé le nom de **mél**(message électronique), tandis que les Québécois, réputés pour leur langage imagé, ont adopté le joli terme de courriel. Depuis la parution du Journal Officiel du 20 juin 2003, le terme **courriel** a été adopté comme dénomination principale du courrier électronique dans la langue française.

Le principe d'utilisation du courrier électronique est relativement simple, c'est ce qui en a rapidement fait le principal service utilisé sur Internet. À la manière du service postal classique, il suffit de connaître l'adresse de son expéditeur pour lui faire parvenir un message. Ses deux principaux avantages par rapport au « courrier papier » sont d'une part la rapidité de transmission du courrier (quasiment instantanée) et le coût réduit (coût global de la connexion à Internet). De plus, le courrier électronique permet d'envoyer instantanément un courrier à plusieurs personnes simultanément.

Adresse électronique

Les adresses électroniques dans le service de messagerie (émetteurs ou destinataires) sont des couples séparés par le caractère « **@** » (arobase) :

utilisateur@domaine

La partie de droite décrit le nom de domaine concerné et la partie de gauche désigne l'utilisateur appartenant à ce domaine. À chaque domaine correspond un ou plusieurs serveurs de messagerie (enregistrement de type MX dans le système de noms de domaine).

Une adresse électronique possède une longueur maximale de 255 caractères et peut comporter les caractères suivants : lettres minuscules [a - z], chiffres et les caractères « . », « _ » et « - ».

Dans la pratique, une adresse électronique est souvent de la forme suivante :

prenom.nom@fournisseur.domaine

Fonctionnement

Le courrier électronique, aussi simple soit-il à utiliser, repose sur un fonctionnement plus compliqué que celui du Web. Pour la plupart des utilisateurs son fonctionnement est transparent, ce qui signifie qu'il n'est pas nécessaire de comprendre comment le courrier électronique fonctionne pour pouvoir l'utiliser.

Néanmoins, la courte introduction qui suit permet d'en comprendre le principe et donne les moyens à un utilisateur de savoir comment configurer au mieux son client de messagerie ou de saisir les mécanismes fondamentaux du spam.

Le fonctionnement du courrier électronique est basé sur l'utilisation d'une boîte aux lettres électronique. Lors de l'envoi d'un email, le message est acheminé de serveur en serveur jusqu'au serveur de messagerie du destinataire. Plus exactement, le message est envoyé au serveur de courrier électronique chargé du transport, le **MTA** (*Mail Transport Agent*), jusqu'au MTA du destinataire. Sur Internet, les MTA communiquent entre eux grâce au protocole SMTP et sont logiquement appelés **serveurs SMTP** (parfois *serveur de courrier sortant*).

Le serveur MTA du destinataire délivre alors le courrier au serveur de courrier électronique entrant, le **MDA** (*Mail Delivery Agent*), qui stocke alors le courrier en attendant que l'utilisateur vienne le relever. Il existe deux principaux protocoles permettant de relever le courrier sur un MDA :

- le protocole POP3 (*Post Office Protocol*), le plus ancien, permettant de relever son courrier et éventuellement d'en laisser une copie sur le serveur.
- le protocole IMAP (*Internet Message Access Protocol*), permettant une synchronisation de l'état des courriers (lu, sup-

primé, déplacé) entre plusieurs clients de messagerie. Avec le protocole IMAP une copie de tous les messages est conservée sur le serveur afin de pouvoir assurer la synchronisation.

Ainsi, les serveurs de courrier entrant sont appelés **serveurs POP** ou **serveurs IMAP**, selon le protocole utilisé.

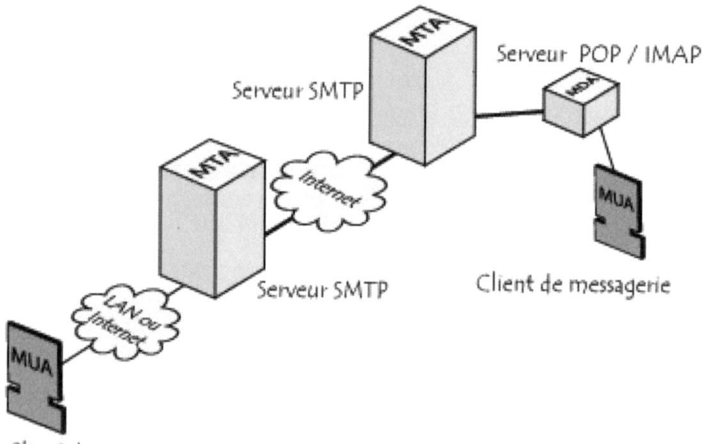

Par analogie avec le monde réel, les MTA font office de bureau de poste (centre de tri et facteur assurant le transport), tandis que les MDA font office de boîte à lettres, afin de stocker les messages (dans la limite de leur capacité en volume), jusqu'à ce que les destinataires relèvent leur boîte. Ceci signifie notamment qu'il n'est pas nécessaire que le destinataire soit connecté pour pouvoir lui envoyer du courrier.

Pour éviter que chacun puisse consulter le courrier des autres utilisateurs, l'accès au MDA est protégé par un nom d'utilisateur appelé **identifiant** (*login*) et par un **mot de passe** (*password*).

La relève du courrier se fait grâce à un logiciel appelé **MUA** (*Mail User Agent*). Lorsque le MUA est un logiciel installé sur le système de l'utilisateur, on parle de **client de messagerie** (par exemple *Mozilla Thunderbird*, *Microsoft Outlook*, *Eudora Mail*, *Incredimail* ou *Lotus Notes*). Lorsqu'il s'agit d'une interface web permettant de s'interfacer au serveur de courrier entrant, on parle alors de **webmail**.

❏ Relais ouverts

Par défaut et pour des raisons historiques, il n'est pas nécessaire de s'authentifier pour envoyer du courrier électronique, ce qui signifie qu'il est très facile d'envoyer du courrier en falsifiant l'adresse électronique de l'expéditeur.

Ainsi, la quasi-totalité des fournisseurs d'accès verrouille leurs serveurs SMTP afin de n'en permettre l'utilisation qu'à leurs seuls abonnés ou plus exactement aux machines possédant une adresse IP appartenant au domaine du fournisseur d'accès. Ceci explique notamment la nécessité qu'ont les utilisateurs nomades de modifier les paramètres du serveur sortant dans leur client de messagerie à chaque changement entre le domicile et l'entreprise.

Lorsque le serveur de messagerie d'une organisation est mal configuré et permet à des tiers appartenant à des réseaux quelconques d'envoyer des courriers électroniques, on parle alors de **relais ouvert** (*open relay*). Les relais ouverts sont ainsi généralement utilisés par les spammeurs, car leur utilisation permet de masquer l'origine des messages. Par conséquent, de nombreux fournisseurs d'accès tiennent à jour une liste noire contenant une liste des relais ouverts, afin d'interdire la réception de messages provenant de tels serveurs.

Équipements

Présentation

Un **réseau local d'entreprise** (RLE ou **LAN**, *Local Area Network*), est un réseau permettant d'interconnecter les ordinateurs d'une entreprise ou d'une organisation. Grâce à ce concept, datant de 1970, les employés d'une entreprise ont à disposition un système permettant : d'échanger des informations, de communiquer et d'avoir accès à des services divers.

Un réseau local relie généralement des ordinateurs (ou des ressources telles que des imprimantes) à l'aide de supports de transmission filaires (paires torsadées ou câbles coaxiaux la plupart du temps) sur une circonférence d'une centaine de mètres. Au-delà, on considère que le réseau fait partie d'une autre catégorie de réseau appelé **MAN** (*Metropolitan Area Network*), pour laquelle les supports de transmission sont plus adaptés aux grandes distances...

Constituants matériels d'un réseau local

Un réseau local est constitué d'ordinateurs reliés par un ensemble d'éléments matériels et logiciels. Les éléments matériels permettant d'interconnecter les ordinateurs sont les suivants :

- **La carte réseau** (parfois appelé *coupleur*) : il s'agit d'une carte connectée sur la carte-mère de l'ordinateur et permettant de l'interfacer au support physique, c'est-à-dire aux lignes physiques permettant de transmettre l'information.

- **Le transceiver** (appelé aussi *adapteur*) : il permet d'assurer la transformation des signaux circulant sur le support physique, en signaux logiques manipulables par la carte réseau, aussi bien à l'émission qu'à la réception.
- **La prise** : il s'agit de l'élément permettant de réaliser la jonction mécanique entre la carte réseau et le support physique.
- **Le support physique d'interconnexion** : c'est le support (généralement filaire, c'est-à-dire sous forme de câble) permettant de relier les ordinateurs entre eux. Les principaux supports physiques utilisés dans les réseaux locaux sont les suivants : le câble coaxial, la paire torsadée et la fibre optique.

Topologies logiques des réseaux locaux

Les dispositifs matériels mis en œuvre ne sont pas suffisants à l'utilisation du réseau local. En effet, il est nécessaire de définir une méthode d'accès standard entre les ordinateurs, afin que ceux-ci sachent de quelle manière les ordinateurs échangent les informations, notamment dans le cas où plus de deux ordinateurs se partagent le support physique. Cette méthode d'accès est appelée **topologie logique**.

La topologie logique est réalisée par un protocole d'accès. Les protocoles d'accès les plus utilisés sont Ethernet et Token Ring.

Équipements d'interconnexion

Un réseau local sert à **interconnecter les ordinateurs** d'une organisation, toutefois une organisation comporte généralement plusieurs réseaux locaux, il est donc parfois indispensable de les relier entre eux. Lorsqu'il s'agit de deux réseaux de même type, il suffit de faire passer les trames de l'un sur l'autre. Dans le cas contraire, c'est-à-dire lorsque les deux réseaux utilisent des **protocoles différents**, il est indispensable de procéder à une conversion de protocole avant de transférer les trames.

Ainsi, les équipements à mettre en œuvre sont différents selon la configuration face à laquelle on se trouve. Néanmoins, on retrouve toujours :

- Les **répéteurs** qui permettent de régénérer un signal.
- Les **concentrateurs** (*hubs*) qui permettent de connecter entre eux plusieurs hôtes.

- Les **ponts** (*bridges*) qui permettent de relier des réseaux locaux de même type.
- Les **commutateurs** (*switches*) qui permettent de relier divers éléments tout en segmentant le réseau.
- Les **passerelles** (*gateways*) qui permettent de relier des réseaux locaux de types différents.
- Les **routeurs** qui permettent de relier de nombreux réseaux locaux de telles façons à permettre la circulation de données d'un réseau à un autre de la façon optimale.
- Les **B-routeurs** qui associent les fonctionnalités d'un routeur et d'un pont.

Répéteur

Sur une ligne de transmission, le signal subit des distorsions et un affaiblissement d'autant plus important que la distance qui sépare deux éléments actifs est longue. Généralement, deux nœuds d'un réseau local ne peuvent pas être distants de plus de quelques centaines de mètres, c'est la raison pour laquelle un équipement supplémentaire est nécessaire au-delà de cette distance.

Un **répéteur** (*repeater*) est un équipement simple permettant de regénérer un signal entre deux nœuds du réseau, afin d'étendre la distance de câblage d'un réseau. Le répéteur travaille uniquement au niveau physique (couche 1 du modèle OSI), c'est-à-dire qu'il ne travaille qu'au niveau des informations binaires circulant sur la ligne de transmission et qu'il n'est pas capable d'interpréter les paquets d'informations.

De plus, un répéteur peut permettre de constituer une interface entre deux supports physiques de types différents, c'est-à-dire qu'il peut par exemple permettre de relier un segment de paire torsadée à un brin de fibre optique.

Concentrateur

Un **concentrateur** (*hub*) est un élément matériel permettant de concentrer le trafic réseau provenant de plusieurs hôtes, et de régénérer le signal. Le concentrateur est ainsi une entité possédant un certain nombre de ports (il possède autant de ports qu'il peut connecter de machines entre elles, généralement 4, 8, 16 ou 32). Son unique but est de récupérer les données binaires parvenant sur un port et de les diffuser sur l'ensemble des ports. Tout comme le répéteur, le concentrateur opère au niveau 1 du modèle OSI, c'est la raison pour laquelle il est parfois appelé **répéteur multiports**.

Le concentrateur permet ainsi de connecter plusieurs machines entre elles, parfois disposées en étoile, ce qui lui vaut le nom de **hub** (*moyeu de roue* en anglais ; la traduction française exacte est *répartiteur*), pour illustrer le fait qu'il s'agit du point de passage des communications des différentes machines.

Types de concentrateurs

On distingue plusieurs catégories de concentrateurs :

- Les **concentrateurs** dits **actifs** : ils sont alimentés électriquement et permettent de régénérer le signal sur les différents ports.
- Les **concentrateurs** dits **passifs** : ils ne permettent que de diffuser le signal à tous les hôtes connectés sans amplification.

Connexion de plusieurs concentrateurs

Il est possible de connecter plusieurs hubs entre eux afin de concentrer un plus grand nombre de machines, on parle alors de **connexions en cascade** (*daisy chains*). Pour ce faire, il suffit de connecter les hubs à l'aide d'un câble croisé, c'est-à-dire un câble reliant les connecteurs de réception d'une extrémité aux connecteurs de réception de l'autre. Il est possible de chaîner jusqu'à trois concentrateurs.

Les concentrateurs sont en général dotés d'un port spécial appelé *uplink* permettant d'utiliser un câble droit pour connecter deux hubs entre eux. Il existe également des hubs capables de croiser ou de décroiser automatiquement leurs ports selon qu'il est relié à un hôte ou à un hub.

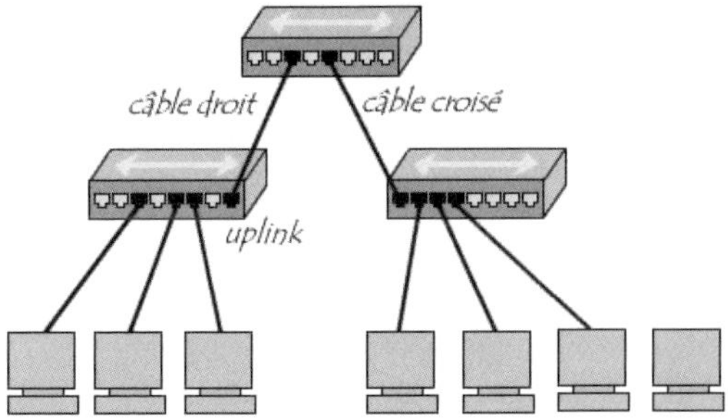

À savoir

Si vous souhaitez connecter plusieurs machines à votre connexion Internet, un hub n'est pas suffisant. Il est nécessaire de recourir à un routeur ou à un commutateur ou bien laisser utiliser l'ordinateur relié directement à la connexion en tant que passerelle (il restera donc constamment allumé lorsque les autres ordinateurs du réseau souhaiteront accéder à Internet).

Pont

Les **ponts** (*bridges*) sont des dispositifs matériels permettant de relier des réseaux travaillant avec le même protocole. Ainsi, contrairement au répéteur, qui travaille au niveau physique, le pont travaille également au niveau logique (au niveau de la couche 2 du modèle OSI), c'est-à-dire qu'il est capable de filtrer les trames en ne laissant passer que celles dont l'adresse correspond à une machine située à l'opposé du pont. Ainsi le pont permet de segmenter un réseau en conservant au niveau du réseau local les trames destinées au niveau local et en transmettant les trames destinées aux autres réseaux. Cela permet de réduire le trafic (notamment les collisions) sur chacun des réseaux et d'augmenter le niveau de confidentialité car les informations destinées à un réseau ne peuvent pas être écoutées sur l'autre brin. En contrepartie l'opération de filtrage réalisée par le pont peut conduire à un léger ralentissement lors du passage d'un réseau à l'autre, c'est la raison pour laquelle les ponts doivent être judicieusement placés dans un réseau.

Voici la représentation d'un pont dans un schéma de principe :

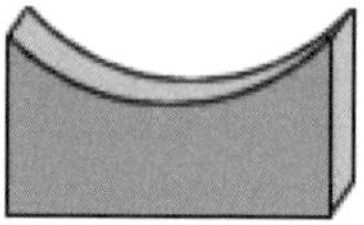

À savoir

Un pont sert habituellement à faire transiter des paquets entre deux réseaux de même type.

Principe

Un pont possède deux connexions à deux réseaux distincts. Lorsque le pont reçoit une trame sur l'une de ses interfaces, il analyse l'adresse MAC du destinataire et de l'émetteur. Si jamais le pont ne connaît pas l'émetteur, il stocke son adresse dans une table afin de se « souvenir » de quel côté du réseau se trouve l'émetteur. Ainsi le pont est capable de savoir si émetteur et destinataire sont situés du même côté ou bien de part et d'autre du pont. Dans le premier cas le pont ignore le message, dans le second le pont transmet la trame sur l'autre réseau.

Fonctionnement

Un pont fonctionne selon la couche Liaison données du modèle OSI, c'est-à-dire qu'il opère au niveau des adresses physiques des machines. En réalité le pont est relié à plusieurs réseaux locaux, appelés **segments**. Il élabore une table de correspondance entre les adresses des machines et le segment auquel elles appartiennent et « écoute » les données circulant sur les segments.

Lors d'une transmission de données, le pont vérifie sur la table de correspondance le segment auquel appartiennent les ordinateurs émetteurs et récepteurs grâce à leur adresse MAC (adresse physique) et non leur adresse IP. Si ceux-ci appartiennent au même segment, le pont ne fait rien, dans le cas contraire il va faire basculer les données vers le segment auquel appartient le destinataire.

Exemple

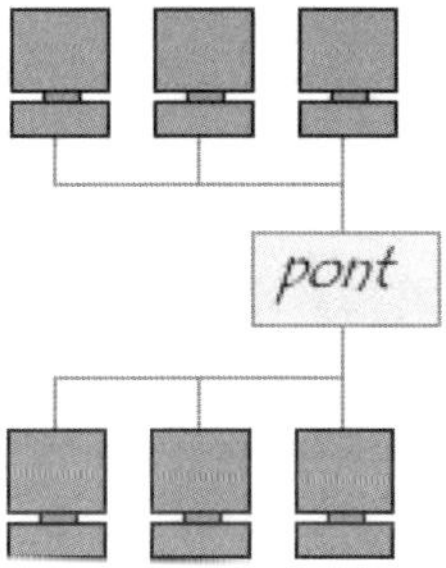

Le pont permet de **segmenter** un réseau, c'est-à-dire que, dans le cas présenté, les communications entre les trois ordinateurs représentés en haut n'encombrent pas les lignes du réseau entre les trois ordinateurs du bas, l'information passera uniquement lorsqu'un ordinateur d'un côté du pont enverra des données à un ordinateur situé de l'autre côté.
D'autre part ces ponts peuvent être reliés à un modem, afin d'assurer la continuité d'un réseau local à distance.

Commutateur

Le **commutateur** (*switch*) est un pont multiports, c'est-à-dire qu'il s'agit d'un élément actif agissant au niveau 2 du modèle OSI.

Le commutateur analyse les trames arrivant sur ses ports d'entrée et filtre les données afin de les aiguiller uniquement sur les ports adéquats (on parle de **commutation** ou de **réseaux commutés**). Si bien que le commutateur permet d'allier les propriétés du pont en matière de filtrage et du concentrateur en matière de connectivité.

Voici la représentation d'un commutateur dans un schéma de principe :

Passerelle applicative

Les **passerelles applicatives** (*gateways*) sont des systèmes matériels et logiciels permettant de faire la liaison entre deux réseaux, servant notamment à faire l'interface entre des protocoles différents.

Lorsqu'un utilisateur distant contacte un tel dispositif, celui-ci examine sa requête, et si jamais celle-ci correspond aux règles que l'administrateur réseau a définies, la passerelle crée un pont entre les deux réseaux. Les informations ne sont donc pas directement transmises, mais « traduites » afin d'assurer la continuité des deux protocoles.

Ce système offre, outre l'interface entre deux réseaux hétérogènes, une sécurité supplémentaire car chaque information est passée à la loupe (pouvant causer un ralentissement) et parfois ajoutée dans un journal qui retrace l'historique des événements. L'inconvénient majeur de ce système est qu'une telle application doit être disponible pour chaque service (FTP, HTTP, Telnet, etc.).

Routeur

Les **routeurs** sont les machines clés d'Internet car ce sont ces dispositifs qui permettent de « choisir » le chemin qu'un message va emprunter. Lorsque vous demandez une URL, le client web interroge le DNS, celui-ci indique l'adresse IP de la machine visée. Votre poste de travail envoie la requête au routeur le plus proche (en général la passerelle du réseau) qui choisit la prochaine machine à laquelle il va faire circuler la demande de telle façon que le chemin choisi soit le plus court.

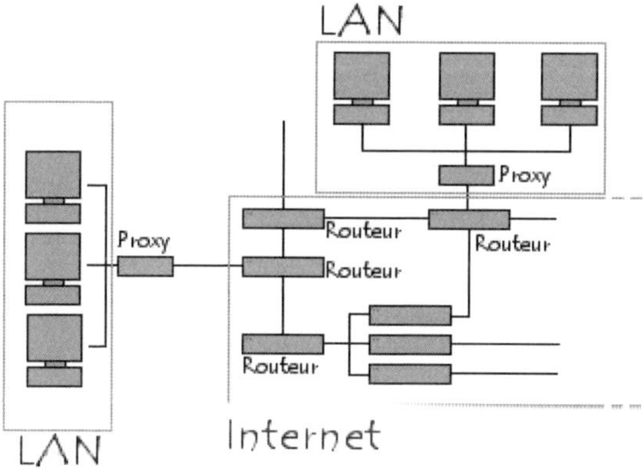

De plus, les routeurs permettent de manipuler les données (qui circulent sous forme de datagrammes) afin de pouvoir assurer le passage d'un type de réseau à un autre (contrairement à un dispositif de type pont). Ainsi, les réseaux ne peuvent pas faire circuler la même quantité simultanée d'information en terme de taille de paquets de données. Les routeurs ont donc la possibilité de fragmenter les paquets de données pour permettre leur circulation. Enfin, certains routeurs sont capables de créer des cartes (tables de routage) des itinéraires à suivre en fonction de l'adresse visée grâce à des protocoles dédiés à cette tâche.

Types de routeurs

Les premiers routeurs étaient de simples ordinateurs ayant plusieurs cartes réseau (machines multi-hôtes), dont chacune était reliée à un réseau différent. Les routeurs actuels sont pour la plupart des matériels dédiés à la tâche de **routage**.

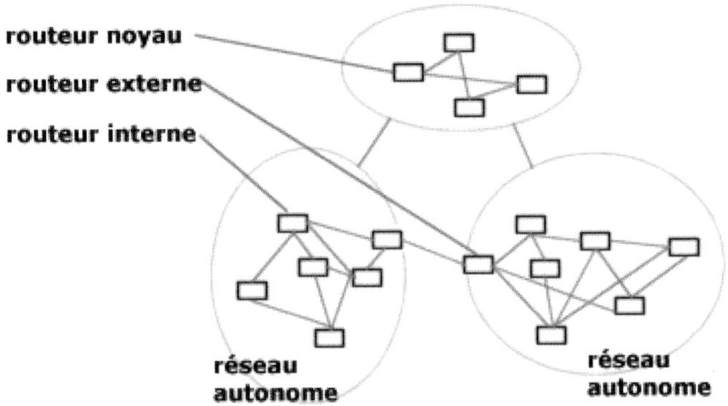

Tous les routeurs ne font pas le même travail selon le type de réseau sur lequel ils se trouvent. En effet, il y a différents niveaux de routeurs, ceux-ci fonctionnent donc avec des protocoles différents :

- Les **routeurs noyaux** : ce sont les routeurs principaux car ce sont eux qui relient les différents réseaux.
- Les **routeurs externes** : ils permettent une liaison des réseaux autonomes entre eux. Ils fonctionnent avec un protocole appelé EGP (*Exterior Gateway Protocol*).
- Les **routeurs internes** : ils permettent le routage des informations à l'intérieur d'un réseau autonome. Ils s'échangent des informations grâce à des protocoles appelés IGP (*Interior Gateway Protocol*), tels que RIP et OSP

Types de routages

On distingue généralement deux types d'algorithme de routage :

- Les routeurs de type **vecteur de distance** (*distance vector*) établissent une table de routage recensant en calculant le « coût » (en terme de nombre de sauts) de chacune des routes puis transmettent cette table aux routeurs voisins. À chaque demande de connexion le routeur choisit la route la « moins coûteuse ».
- Les routeurs de type **link state** (*link state routing*) écoutent le réseau en continu afin de recenser les différents éléments qui l'entourent. À partir de ces informations chaque routeur

calcule le plus court chemin (en temps) vers les routeurs voisins et diffuse cette information sous forme de *paquets de mise à jour*. Chaque routeur construit enfin sa table de routage en calculant les plus courts chemins vers tous les autres routeurs (à l'aide de l'algorithme de *Dijkstra*).

Exemple

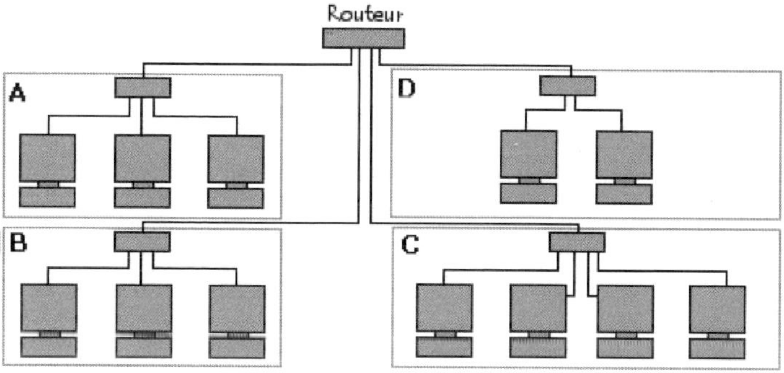

Dans le cas présenté le scénario est simple. Si le routeur reçoit des paquets en provenance du réseau A, pour le réseau B, il va tout simplement diriger les paquets sur le réseau B...

Toutefois, sur Internet le schéma est beaucoup plus compliqué pour les raisons suivantes :

– Le nombre de réseaux auxquels un routeur est connecté est généralement important ;

– Les réseaux auxquels le routeur est connecté peuvent être reliés à d'autres réseaux que le routeur ne connaît pas directement.

Les routeurs fonctionnent donc grâce à des tables et des protocoles de routage.

B-routeur

Un **B-routeur** (*b-routeur, bridge-routeur*) est un élément hybride associant les fonctionnalités d'un routeur et celles d'un pont. Ainsi, ce type de matériel permet de transférer d'un réseau à un autre les protocoles non routables et de router les autres. Plus exactement, le B-routeur agit en priorité comme un pont et route les paquets si cela n'est pas possible.

Un B-routeur peut donc dans certaines architectures être plus économique et plus compact qu'un routeur et un pont.

Proxy

Un serveur **proxy** (*serveur mandataire* ou *proxy server*) est à l'origine une machine faisant fonction d'intermédiaire entre les ordinateurs d'un réseau local (utilisant parfois des protocoles autres que le protocole TCP/IP) et Internet.

La plupart du temps le serveur proxy est utilisé pour le Web, il s'agit alors d'un proxy HTTP. Toutefois il peut exister des serveurs proxy pour chaque protocole applicatif (FTP, etc.).

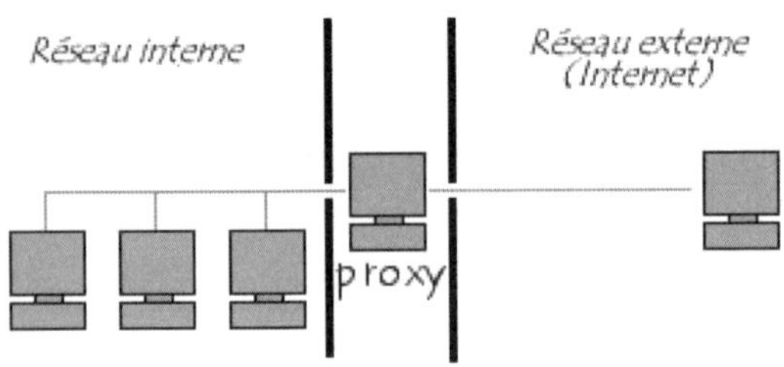

Principe de fonctionnement

Le principe de fonctionnement basique d'un serveur proxy est assez simple : il s'agit d'un serveur « mandaté » par une application pour effectuer une requête sur Internet à sa place. Ainsi, lorsqu'un utilisateur se connecte à Internet à l'aide d'une application cliente configurée pour utiliser un serveur proxy, celle-ci va se connecter en premier lieu au serveur proxy et lui donner sa requête. Le serveur proxy va alors se connecter au serveur que l'application cliente cherche à joindre et lui transmettre la requête.

Le serveur va ensuite donner sa réponse au proxy, qui va à son tour la transmettre à l'application cliente.

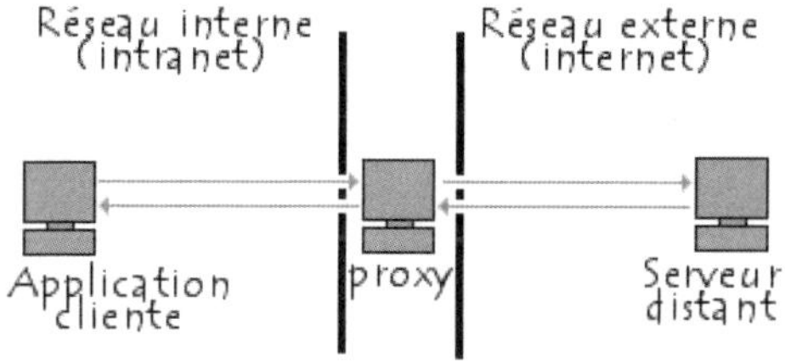

Attention !

Désormais, avec l'utilisation de TCP/IP au sein des réseaux locaux, le rôle de relais du serveur proxy est directement assuré par les passerelles et les routeurs. Pour autant, les serveurs proxy sont toujours d'actualité grâce à un certain nombre d'autres fonctionnalités.

Proxy-cache

La plupart des proxys assurent ainsi une fonction de **cache** (*caching*), c'est-à-dire la capacité à garder en mémoire (*en cache*) les pages le plus souvent visitées par les utilisateurs du réseau local afin de pouvoir les leur fournir le plus rapidement possible. En effet, en informatique, le terme de « cache » désigne un espace de stockage temporaire de données (le terme de « tampon » est également parfois utilisé).

Un serveur proxy ayant la possibilité de cacher (néologisme signifiant « mettre en mémoire cache ») les informations est généralement appelé **serveur proxy-cache**.

Cette fonctionnalité implémentée dans certains serveurs proxy permet d'une part de réduire l'utilisation de la bande passante vers Internet ainsi que de réduire le temps d'accès aux documents pour les utilisateurs.

Toutefois, pour mener à bien cette mission, il est nécessaire que le proxy compare régulièrement les données qu'il stocke en mémoire cache avec les données distantes afin de s'assurer que les données en cache sont toujours valides.

Filtrage

D'autre part, grâce à l'utilisation d'un proxy, il est possible d'assurer un suivi des connexions (*logging* ou *tracking*) *via* la constitution de journaux d'activité (*logs*) en enregistrant systématiquement les requêtes des utilisateurs lors de leurs demandes de connexion à Internet.

Il est ainsi possible de filtrer les connexions à Internet en analysant d'une part les requêtes des clients, d'autre part les réponses des serveurs. Lorsque le filtrage est réalisé en comparant la requête du client à une liste de requêtes autorisées, on parle de **liste blanche**(*white list*), lorsqu'il s'agit d'une liste de sites interdits on parle de **liste noire** (*black list*). Enfin l'analyse des réponses des serveurs conformément à une liste de critères (mots-clés...) est appelée **filtrage de contenu**.

Authentification

Dans la mesure où le proxy est l'intermédiaire indispensable des utilisateurs du réseau interne pour accéder à des ressources externes, il est parfois possible de l'utiliser pour authentifier les utilisateurs, c'est-à-dire de leur demander de s'identifier à l'aide d'un nom d'utilisateur et d'un mot de passe par exemple. Il est ainsi aisé de donner l'accès aux ressources externes aux seules personnes autorisées à le faire et de pouvoir enregistrer dans les fichiers journaux des accès identifiés.

Ce type de mécanisme lorsqu'il est mis en œuvre pose bien évidemment de nombreux problèmes relatifs aux libertés individuelles et aux droits des personnes...

Reverse-proxy

On appelle **reverse-proxy** (en français le terme de *relais inverse* est parfois employé) un serveur proxy-cache « monté à l'envers », c'est-à-dire un serveur proxy permettant non pas aux utilisateurs d'accéder au réseau Internet, mais aux utilisateurs d'Internet d'accéder indirectement à certains serveurs internes.

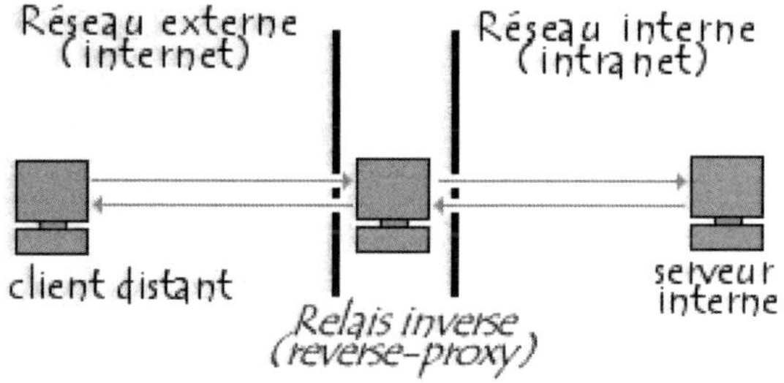

Le reverse-proxy sert ainsi de relais pour les utilisateurs d'Internet souhaitant accéder à un site web interne en lui transmettant indirectement les requêtes.

Grâce au reverse-proxy, le serveur web est protégé des attaques directes de l'extérieur, ce qui renforce la sécurité du réseau interne.

D'autre part, la fonction de cache du reverse-proxy peut permettre de soulager la charge du serveur pour lequel il est prévu, c'est la raison pour laquelle un tel serveur est parfois appelé **accélérateur** (*server accelerator*).

Enfin, grâce à des algorithmes perfectionnés, le reverse-proxy peut servir à répartir la charge en redirigeant les requêtes vers différents serveurs équivalents ; on parle alors de **répartition de charge** ou *load balancing*.

Pare-feu

Chaque ordinateur connecté à Internet (et d'une manière plus générale à n'importe quel réseau informatique) est susceptible d'être victime d'une attaque d'un pirate informatique. La méthodologie généralement employée par les pirates informatiques consiste à scruter le réseau (en envoyant des paquets de données de manière aléatoire) à la recherche d'une machine connectée, puis à chercher une faille de sécurité afin de l'exploiter et d'accéder aux données s'y trouvant.

Cette menace est encore plus grande si la machine est connectée en permanence à Internet, et ce pour plusieurs raisons :

- La machine cible est susceptible d'être connectée sans pour autant être surveillée ;
- La machine cible est généralement connectée avec une plus large bande passante ;
- La machine cible ne change pas (ou peu) d'adresse IP.

Ainsi, il est nécessaire, autant pour les réseaux d'entreprises que pour les internautes possédant une connexion de type câble ou ADSL, de se protéger des intrusions réseaux en installant un dispositif de protection.

Un **pare-feu** (*coupe-feu*, *garde-barrière* ou **firewall**) est un système permettant de protéger un ordinateur ou un réseau d'ordinateurs des intrusions provenant d'un réseau tiers (notamment Internet). Le pare-feu est un système permettant de filtrer les paquets de données échangés avec le réseau, il s'agit ainsi d'une passerelle filtrante comportant au minimum les interfaces réseau suivante : une interface pour le réseau à protéger (réseau interne) et une interface pour le réseau externe.

Le système firewall est un système logiciel, reposant parfois sur un matériel réseau dédié, constituant un intermédiaire entre le réseau local (ou la machine locale) et un ou plusieurs réseaux externes. Il est possible de mettre un système pare-feu sur n'importe quelle machine et avec n'importe quel système pourvu que :

- La machine soit suffisamment puissante pour traiter le trafic ;
- Le système soit sécurisé ;
- Aucun autre service que le service de filtrage de paquets ne fonctionne sur le serveur.

Dans le cas où le système pare-feu est fourni dans une boîte noire « clé en main », on utilise le terme d'**appliance**.

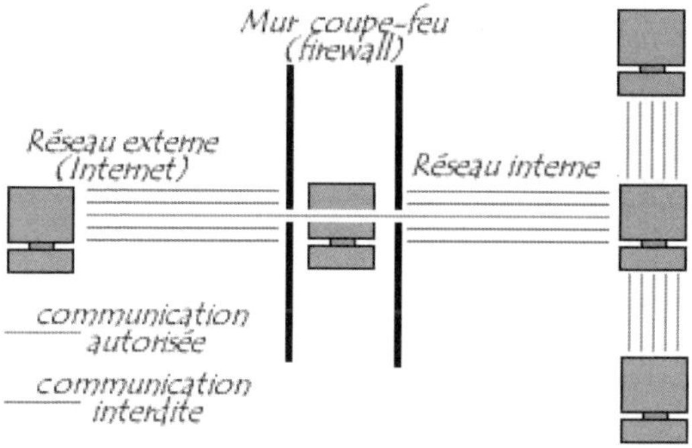

Fonctionnement

Un système pare-feu contient un ensemble de règles prédéfinies permettant :

- D'autoriser la connexion (*allow*)
- De bloquer la connexion (*deny*)
- De rejeter la demande de connexion sans avertir l'émetteur (*drop*)

L'ensemble de ces règles permet de mettre en œuvre une méthode de filtrage dépendant de la **politique de sécurité** adoptée par l'entité. On distingue habituellement deux types de politiques de sécurité permettant :

- soit d'autoriser uniquement les communications ayant été explicitement autorisées : « tout ce qui n'est pas explicitement autorisé est interdit ».
- soit d'empêcher les échanges qui ont été explicitement interdits.

La première méthode est sans nul doute la plus sûre, mais elle impose toutefois une définition précise et contraignante des besoins en communication.

Filtrage simple de paquets

Un système pare-feu fonctionne sur le principe du **filtrage simple de paquets** (*stateless packet filtering*). Il analyse les en-têtes de chaque paquet de données (*datagramme*) échangé entre une machine du réseau interne et une machine extérieure.

Ainsi, les paquets de données échangés entre une machine du réseau extérieur et une machine du réseau interne transitent par le pare-feu et possèdent les en-têtes suivants, systématiquement analysés par le firewall :

- adresse IP de la machine émettrice ;
- adresse IP de la machine réceptrice ;
- type de paquets (TCP, UDP, etc.) ;
- numéro de port[1].

Les adresses IP contenues dans les paquets permettent d'identifier la machine émettrice et la machine cible, tandis que le type de paquets et le numéro de port donnent une indication sur le type de services utilisé.

Exemple

Quelques règles de pare-feu :

Règle	Action	IP source	IP dest	Protocol	Port source	Port dest
1	Accept	192.168.10.20	194.154.192.3	tcp	any	25
2	Accept	any	192.168.10.3	tcp	any	80
3	Accept	192.168.10.0/24	any	tcp	any	80
4	Deny	any	any	any	any	any

Les ports reconnus (dont le numéro est compris entre 0 et 1023) sont associés à des services courants (les ports 25 et 110 sont par exemple associés au courrier électronique, et le port 80 au Web). La plupart des dispositifs pare-feu sont au minimum configurés de manière à filtrer les communications selon le port utilisé. Il est généralement conseillé de bloquer tous les ports qui ne sont pas indispensables (selon la politique de sécurité retenue).

Le port 23 est par exemple souvent bloqué par défaut par les dispositifs pare-feu car il correspond au protocole Telnet, permettant d'émuler un accès par terminal à une machine distante de

1. Un port est un numéro associé à un service ou une application réseau.

manière à pouvoir exécuter des commandes à distance. Les données échangées par Telnet ne sont pas chiffrées, ce qui signifie qu'un individu est susceptible d'écouter le réseau et de voler les éventuels mots de passe circulant en clair. Les administrateurs lui préfèrent généralement le protocole SSH, réputé sûr et fournissant les mêmes fonctionnalités que Telnet.

Filtrage dynamique

Le filtrage simple de paquets ne s'attache qu'à examiner les paquets IP indépendamment les uns des autres, ce qui correspond au niveau 3 du modèle OSI. Or, la plupart des connexions reposent sur le protocole TCP, qui gère la notion de session, afin d'assurer le bon déroulement des échanges. D'autre part, de nombreux services (le FTP par exemple) initient une connexion sur un port statique, mais ouvrent dynamiquement (c'est-à-dire de manière aléatoire) un port afin d'établir une session entre la machine faisant office de serveur et la machine cliente.

Ainsi, il est impossible avec un filtrage simple de paquets de prévoir les ports à laisser passer ou à interdire. Pour y remédier, le système de **filtrage dynamique de paquets** est basé sur l'inspection des couches 3 et 4 du modèle OSI, permettant d'effectuer un suivi des transactions entre le client et le serveur. Le terme anglo-saxon est **stateful inspection** ou *stateful packet filtering* (traduisez *filtrage de paquets avec état*).

Un dispositif pare-feu de type *stateful inspection* est ainsi capable d'assurer un suivi des échanges, c'est-à-dire de tenir compte de l'état des anciens paquets pour appliquer les règles de filtrage. De cette manière, à partir du moment où une machine autorisée initie une connexion à une machine située de l'autre côté du pare-feu ; l'ensemble des paquets transitant dans le cadre de cette connexion seront implicitement acceptés par le pare-feu.

Si le filtrage dynamique est plus performant que le filtrage de paquets basique, il ne protège pas pour autant de l'exploitation des failles applicatives, liées aux vulnérabilités des applications. Or ces vulnérabilités représentent la part la plus importante des risques en terme de sécurité.

Filtrage applicatif

Le **filtrage applicatif** permet de filtrer les communications application par application. Il opère donc au niveau 7 (couche application) du modèle OSI, contrairement au filtrage de paquets simple (niveau 4), et suppose donc une connaissance des protocoles utilisés par chaque application.

Un *firewall* effectuant un filtrage applicatif est appelé généralement **passerelle applicative** ou **proxy**, car il sert de relais entre deux réseaux en s'interposant et en effectuant une validation fine du contenu des paquets échangés. Le proxy représente donc un intermédiaire entre les machines du réseau interne et le réseau externe, subissant les attaques à leur place. De plus, le filtrage applicatif permet la destruction des en-têtes précédant le message applicatif, ce qui permet de fournir un niveau de sécurité supplémentaire.

Il s'agit d'un dispositif performant, assurant une bonne protection du réseau, pour peu qu'il soit correctement administré. En contrepartie, une analyse fine des données applicatives requiert une grande puissance de calcul et se traduit donc souvent par un ralentissement des communications, chaque paquet devant être finement analysé.

Par ailleurs, le proxy doit nécessairement être en mesure d'interpréter une vaste gamme de protocoles et de connaître les failles afférentes pour être efficace.

Enfin, un tel système peut potentiellement comporter une vulnérabilité dans la mesure où il interprète les requêtes qui transitent par son biais. Ainsi, il est recommandé de dissocier le pare-feu (dynamique ou non) du proxy, afin de limiter les risques de compromission.

Pare-feu personnel

Dans le cas où la zone protégée se limite à l'ordinateur sur lequel le firewall est installé on parle de **firewall personnel** (*pare-feu personnel*).

Ainsi, un firewall personnel permet de contrôler l'accès au réseau des applications installées sur la machine, et notamment d'empêcher les attaques du type cheval de Troie, c'est-à-dire des programmes nuisibles ouvrant une brèche dans le système afin de permettre une prise en main à distance de la machine par un pirate informatique. Le *firewall* personnel permet en effet de repérer et d'empêcher l'ouverture non sollicitée de la part d'applications non autorisées à se connecter.

Limites des pare-feu

Les firewalls n'offrent une protection que dans la mesure où l'ensemble des communications vers l'extérieur passe systématiquement par leur intermédiaire et qu'ils sont correctement configurés. Ainsi, les accès au réseau extérieur par contournement du firewall sont autant de failles de sécurité. C'est notamment le cas des connexions effectuées à partir du réseau interne à l'aide d'un modem ou de tout moyen de connexion échappant au contrôle du pare-feu.

De la même manière, l'introduction de supports de stockage provenant de l'extérieur sur des machines internes au réseau ou bien d'ordinateurs portables peut porter fortement préjudice à la politique de sécurité globale.

Enfin, afin de garantir un niveau de protection maximal, il est nécessaire d'administrer le pare-feu et notamment de surveiller son journal d'activité afin d'être en mesure de détecter les tentatives d'intrusion et les anomalies. Par ailleurs, il est recommandé d'effectuer une **veille de sécurité** (en s'abonnant aux alertes de sécurité des CERT par exemple) afin de modifier le paramétrage de son dispositif en fonction de la publication des alertes.

La mise en place d'un firewall doit donc se faire en accord avec une véritable **politique de sécurité**.

Réseaux sans fil

Un **réseau sans fil** (*wireless network*) est, comme son nom l'indique, un réseau dans lequel au moins deux terminaux peuvent communiquer sans liaison filaire. Grâce aux réseaux sans fil, un utilisateur a la possibilité de rester connecté tout en se déplaçant dans un périmètre géographique plus ou moins étendu, c'est la raison pour laquelle on entend parfois parler de **mobilité**.

> **Attention !**
>
> Malgré l'utilisation de « sans fil », communément admise, les orthographes exactes sont « sans fil » et « sans-fil » On parle ainsi de « réseau sans fil » ou bien « du sans-fil ».

Les réseaux sans fil sont basés sur une liaison utilisant des **ondes radioélectriques** (radio et infrarouges) en lieu et place des câbles habituels. Ils permettent de relier très facilement des équipements distants d'une dizaine de mètres à quelques kilomètres. Ces réseaux, sensibles aux interférences, sont soumis à une réglementation qui définit les plages de fréquence et les puissances auxquelles il est possible d'émettre pour chaque catégorie d'utilisation.

Il existe plusieurs technologies se distinguant par la fréquence d'émission utilisée ainsi que par le débit et la portée des transmissions.

Catégories de réseaux sans fil

On distingue habituellement plusieurs **catégories de réseaux sans fil**, selon le périmètre géographique offrant une connectivité (appelée **zone de couverture**) :

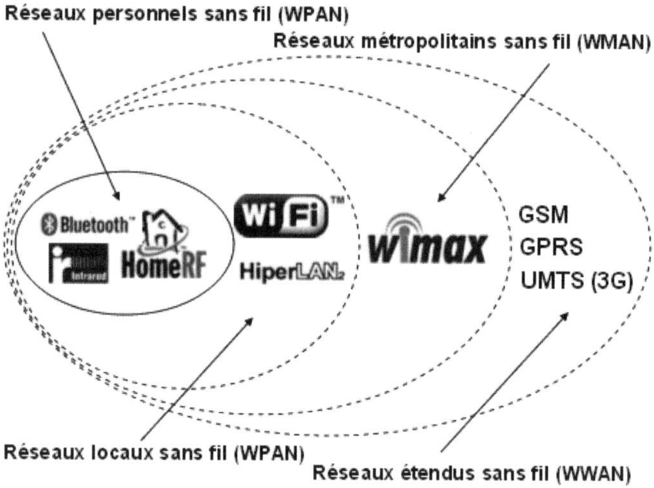

Réseaux personnels sans fil (WPAN)

Le **réseau personnel sans fil** (appelé également *réseau individuel sans fil* ou *réseau domestique sans fil* et noté **WPAN**, *Wireless Personal Area Network*) concerne les réseaux sans fil d'une faible portée : de l'ordre de quelques dizaines mètres. Ce type de réseau sert généralement à relier des périphériques (imprimante, téléphone portable, appareils domestiques...) ou un assistant personnel (PDA) à un ordinateur sans liaison filaire ou bien à permettre la liaison sans fil entre deux machines très peu distantes. Il existe plusieurs technologies utilisées pour les WPAN.

La principale technologie WPAN est la technologie **Bluetooth**, lancée par Ericsson en 1994, proposant un débit théorique de 1 Mbps pour une portée maximale d'une trentaine de mètres. Bluetooth, connue aussi sous le nom **IEEE 802.15.1**, possède l'avantage d'être très peu gourmande en énergie, ce qui la rend particulièrement adaptée à une utilisation au sein de petits périphériques.

HomeRF (*Home Radio Frequency*), lancée en 1998 par le HomeRF Working Group (formé notamment par les constructeurs Compaq, HP, Intel, Siemens, Motorola et Microsoft) propose un débit théorique de 10 Mbps avec une portée d'environ 50 à 100 mètres sans amplificateur. La norme HomeRF soutenue notamment par Intel, a été abandonnée en janvier 2003, car les fondeurs de processeurs misent désormais sur les technologies WiFi embarquées (*via* la technologie *Centrino*, embarquant au sein d'un même composant un microprocesseur et un adaptateur WiFi).

La technologie **ZigBee,**aussi connue sous le nom **IEEE 802.15.4**, permet d'obtenir des liaisons sans fil à très bas prix et avec une très faible consommation d'énergie, ce qui la rend particulièrement adaptée pour être directement intégrée dans de petits appareils électroniques (appareils électroménagers, HiFi, jouets...). La technologie ZigBee, opérant sur la bande de fréquences des 2,4 GHz et sur 16 canaux, permet d'obtenir des débits pouvant atteindre 250 kb/s avec une portée maximale de 100 mètres environ.

Enfin les liaisons **infrarouges** permettent de créer des liaisons sans fil de quelques mètres avec des débits pouvant monter à quelques mégabits par seconde. Cette technologie est largement utilisée pour la **domotique** (télécommandes) mais souffre toutefois des perturbations dues aux interférences lumineuses. L'association irDA (*infrared Data Association*) formée en 1995 regroupe plus de 150 membres.

Réseaux locaux sans fil (WLAN)

Le **réseau local sans fil (WLAN,** *Wireless Local Area Network*) est un réseau permettant de couvrir l'équivalent d'un réseau local d'entreprise, soit une portée d'environ une centaine de mètres. Il permet de relier entre eux les terminaux présents dans la zone de couverture. Il existe plusieurs technologies concurrentes :

- Le Wifi (ou IEEE 802.11), soutenu par l'alliance WECA (*Wireless Ethernet Compatibility Alliance*) offre des débits allant jusqu'à 54 Mbps sur une distance de plusieurs centaines de mètres.

- **hiperLAN2** (*high performance radio LAN 2.0*), norme européenne élaborée par l'ETSI (*European Telecommunications Standards Institute*). HiperLAN 2 permet d'obtenir un débit théorique de 54 Mbps sur une zone d'une centaine de mètres dans la gamme de fréquence comprise entre 5 150 et 5 300 MHz.

Réseaux métropolitains sans fil (WMAN)

Le **réseau métropolitain sans fil (WMAN,** *Wireless Metropolitan Area Network*) est connu sous le nom de **Boucle locale radio** (BLR). Les WMAN sont basés sur la norme IEEE 802.16. La boucle locale radio offre un débit utile de 1 à 10 Mbit/s pour une portée de 4 à 10 kilomètres, ce qui destine principalement cette technologie aux opérateurs de télécommunications.

La norme de réseau métropolitain sans fil la plus connue est le WiMAX, permettant d'obtenir des débits de l'ordre de 70 Mbit/s sur un rayon de plusieurs kilomètres.

Réseaux étendus sans fil (WWAN)

Le **réseau étendu sans fil** (**WWAN,** *Wireless Wide Area Network*) est également connu sous le nom de **réseau cellulaire mobile**. Il s'agit des réseaux sans fil les plus répandus puisque tous les téléphones mobiles sont connectés à un réseau étendu sans fil. Les principales technologies sont les suivantes :

- **GSM** (*Global System for Mobile Communication* ou *Groupe spécial mobile*).
- **GPRS** (*General Packet Radio Service*).
- **UMTS** (*Universal Mobile Telecommunication System*).

Propagation des ondes radio

Il est nécessaire d'avoir une culture minimum sur la **propagation des ondes** hertziennes afin de pouvoir mettre en place une architecture réseau sans fil, et notamment de disposer les bornes d'accès (point d'accès) de telle façon à obtenir une portée optimale.

Les **ondes radio** (RF, *Radio Frequency*) se propagent en ligne droite dans plusieurs directions. La vitesse de propagation des ondes dans le vide est de $3 \cdot 10^8$ m/s. Dans tout autre milieu, le signal subit un affaiblissement dû à l'absorption, la réflexion, la réfraction et à la diffraction.

Absorption des ondes radio

Lorsqu'une onde radio rencontre un obstacle, une partie de son énergie est absorbée et transformée en énergie, une partie continue à se propager de façon atténuée et une partie peut éventuellement être réfléchie.

On appelle **atténuation** d'un signal la réduction de la puissance de celui-ci lors d'une transmission. L'atténuation est mesurée en **bels** (B) et est égale au logarithme en base 10 de la puissance à la sortie du support de transmission, divisée par la puissance à l'entrée. On préfère généralement utiliser le **décibel** (dB) correspondant à un dixième de la valeur en bels. Ainsi un bel représentant 10 décibels la formule devient :

$$R\,(\text{dB}) = (10) * \log\,(P2/P1)$$

Lorsque *R* est positif on parle d'**amplification**, lorsqu'il est négatif on parle d'**atténuation**. Dans le cas des transmissions sans fil il s'agit plus particulièrement d'atténuations.

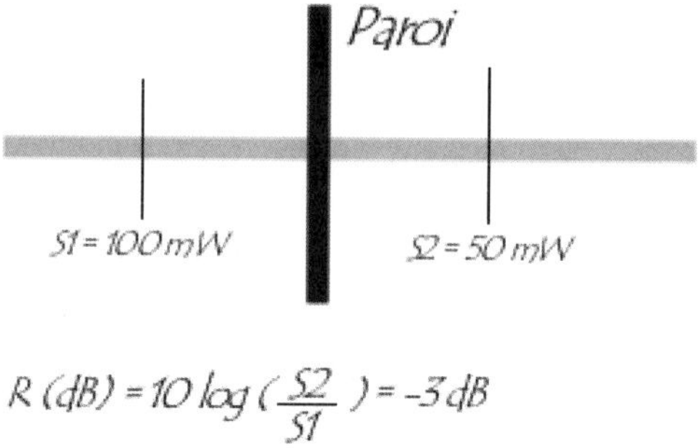

L'atténuation augmente avec l'augmentation de la fréquence ou de la distance. De plus lors de la collision avec un obstacle, la valeur de l'atténuation dépend fortement du matériau composant l'obstacle. Généralement les obstacles métalliques provoquent une forte réflexion, tandis que l'eau absorbe le signal.

Réflexion des ondes radio

Lorsqu'une onde radio rencontre un obstacle, tout ou partie de l'onde est réfléchie avec une perte de puissance. La **réflexion** est telle que l'angle d'incidence est égal à l'angle de réflexion.

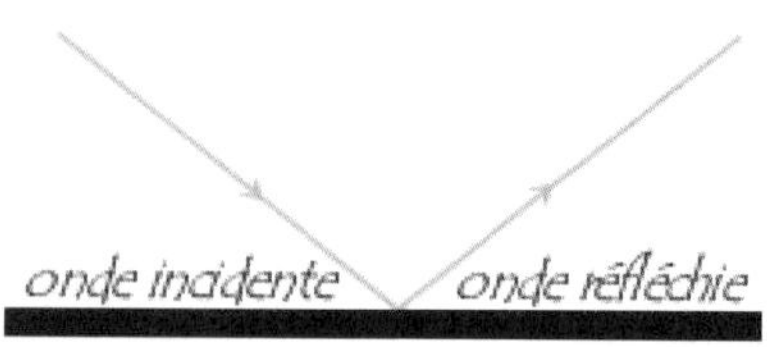

Par définition une onde radio est susceptible de se propager dans plusieurs directions. Par réflexions successives un signal source peut être amené à atteindre une station ou un point d'accès en empruntant des chemins multiples, on parle de **multipath** ou **cheminements multiples**.

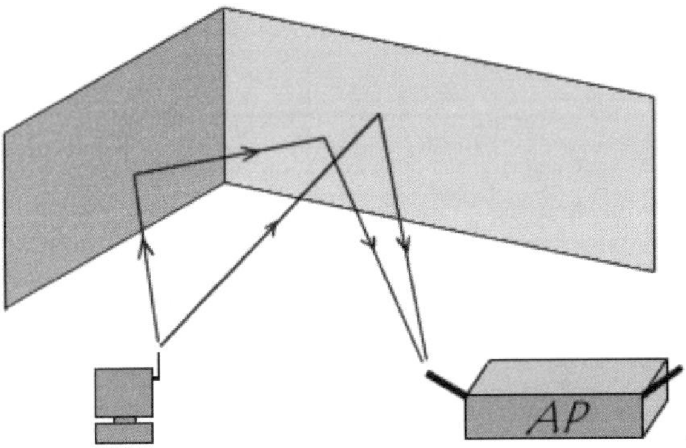

La différence de temps de propagation (appelée **délai de propagation**) entre deux signaux ayant emprunté des chemins différents peut provoquer des interférences au niveau du récepteur car les données reçues se chevauchent.

Ces interférences deviennent de plus en plus importantes lorsque la vitesse de transmission augmente car les intervalles de temps entre les données sont de plus en plus courts. Les chemins de propagations multiples limitent ainsi la vitesse de transmission dans les réseaux sans fil.

Pour remédier à ce problème les cartes WiFi et points d'accès embarquent deux antennes par émetteur. Ainsi, grâce à l'action de l'**AGC** (*Aquisition Gain Controller*), qui commute immédiatement d'une antenne à l'autre suivant la puissance des signaux, le point d'accès est capable de distinguer deux signaux provenant de la même station. Les signaux reçus par ces deux antennes sont dits **décorrélés** (indépendants) s'ils sont séparés de *lambda/*2 (6,25 cm à 2,4 GHz).

Propriétés des milieux

L'affaiblissement de la puissance du signal est en grande partie dû aux **propriétés des milieux** traversés par l'onde. Voici un tableau donnant les niveaux d'atténuation pour différents matériaux :

Matériaux	Affaiblissement	Exemples
Air	Aucun	Espace ouvert, cour intérieure
Bois	Faible	Porte, plancher, cloison
Plastique	Faible	Cloison
Verre	Faible	Vitres non teintées
Verre teinté	Moyen	Vitres teintées
Eau	Moyen	Aquarium, fontaine
Êtres vivants	Moyen	Foule, animaux, humains, végétation
Briques	Moyen	Murs
Plâtre	Moyen	Cloisons
Céramique	Élevé	Carrelage
Papier	Élevé	Rouleaux de papier
Béton	Élevé	Murs porteurs, étages, piliers
Verre blindé	Élevé	Vitres pare-balles
Métal	Très élevé	Béton armé, miroirs, armoire métallique, cage d'ascenseur

Bluetooth

Bluetooth est une technologie de réseau personnel sans fil (noté **WPAN,** *Wireless Personal Area Network*), c'est-à-dire une technologie de réseaux sans fil d'une faible portée permettant de relier des appareils entre eux sans liaison filaire. Contrairement à la technologie IrDa (liaison infrarouge), les appareils Bluetooth n'ont pas besoin d'une ligne de vue directe pour communiquer, ce qui les rend plus souples d'utilisation et permet notamment une communication d'une pièce à une autre, sur de petits espaces.

L'objectif de Bluetooth est de permettre de transmettre des données ou de la voix entre des équipements possédant un circuit radio de faible coût, sur un rayon de l'ordre d'une dizaine de mètres à un peu moins d'une centaine de mètres et avec une faible consommation électrique.

Ainsi, la technologie Bluetooth est principalement prévue pour relier entre eux des périphériques (imprimantes, téléphones portables, appareils domestiques, oreillettes sans fil, souris, clavier, etc.), des ordinateurs ou des assistants personnels (PDA), sans utiliser de liaison filaire. La technologie Bluetooth est également de plus en plus utilisée dans les téléphones portables, afin de leur permettre de communiquer avec des ordinateurs ou des assistants personnels et surtout avec des dispositifs main libre tels que des oreillettes Bluetooth[1].

La technologie Bluetooth a été originairement mise au point par Ericsson en 1994. En février 1998 un groupe d'intérêt baptisé **Bluetooth SIG** (*Bluetooth Special Interest Group*), réunissant plus de 2 000 entreprises dont Agere, Ericsson, IBM, Intel, Microsoft, Motorola, Nokia et Toshiba, a été formé afin de produire les spécifications Bluetooth 1.0, qui furent publiées en juillet 1999.

Caractéristiques

Le Bluetooth permet d'obtenir des débits de l'ordre de 1 Mbps, correspondant à 1 600 échanges par seconde en full-duplex, avec une portée d'une dizaine de mètres environ avec un émetteur de classe II et d'un peu moins d'une centaine de mètres avec un émetteur de classe I.

À savoir

Le nom **Bluetooth** (dent bleue) se rapporte au nom du roi danois Harald II (910-986), surnommé Harald II Blåtand (« à la dent bleue »), à qui on attribue l'unification de la Suède et de la Norvège ainsi que l'introduction du christianisme dans les pays scandinaves.

Le **standard Bluetooth** définit en effet trois classes d'émetteurs proposant des portées différentes en fonction de leur puissance d'émission :

1. Les oreillettes Bluetooth permettent de faire office de casque audio perfectionné intégrant des fonctionnalités de commande à distance.

Classe	Puissance (affaiblissement)	Portée
I	100 mW (20 dBm)	100 mètres
II	2,5 mW (4 dBm)	15-20 mètres
III	1 mW (0 dBm)	10 mètres

Contrairement à la technologie IrDA, principale technologie concurrente utilisant des rayons lumineux pour les transmissions de données, la technologie Bluetooth utilise les ondes radio (bande de fréquence des 2,4 GHz) pour communiquer, si bien que les périphériques ne doivent pas nécessairement être en liaison visuelle pour communiquer. Ainsi deux périphériques peuvent communiquer en étant situés de part et d'autre d'une cloison et, cerise sur le gâteau, les périphériques Bluetooth sont capables de se détecter sans intervention de la part de l'utilisateur pour peu qu'ils soient à portée l'un de l'autre.

Normes Bluetooth

Le standard Bluetooth se décompose en différentes **normes** :

- **IEEE 802.15.1** définit le standard Bluetooth 1.x permettant d'obtenir un débit de 1 Mbit/sec ;
- **IEEE 802.15.2** propose des recommandations pour l'utilisation de la bande de fréquence 2,4 GHz (fréquence utilisée également par le WiFi). Ce standard n'est toutefois pas encore validé ;
- **IEEE 802.15.3** est un standard en cours de développement visant à proposer du haut débit (20 Mbit/s) avec la technologie Bluetooth ;
- **IEEE 802.15.4** est un standard en cours de développement pour des applications Bluetooth à bas débit.

> **Pour en savoir plus**
> Reportez-vous au site officiel de Bluetooth : *www.bluetooth.org*

Fonctionnement

Le standard Bluetooth, à la manière du WiFi utilise la technique **FHSS** (*Frequency Hopping Spread Spectrum*, en français *étale-*

ment de spectre par saut de fréquence ou *étalement de spectre par évasion de fréquence*), consistant à découper la bande de fréquence (2,402 – 2,480 GHz) en 79 canaux (appelés **hops** ou **sauts**) d'une largeur de 1 MHz, puis de transmettre en utilisant une combinaison de canaux connue des stations de la cellule.

Ainsi, en changeant de canal jusqu'à 1 600 fois par seconde, le standard Bluetooth permet d'éviter les interférences avec les signaux d'autres modules radio.

❑ Principe de communication

Le standard Bluetooth est basé sur un mode de fonctionnement maître/esclave. Ainsi, on appelle **picoréseau** (*piconet*) le réseau formé par un périphérique et tous les périphériques présents dans son rayon de portée. Il peut coexister jusqu'à 10 picoréseaux dans une même zone de couverture. Un maître peut être connecté simultanément à un maximum de sept périphériques esclaves actifs (255 en mode *parked*). En effet, les périphériques d'un picoréseau possèdent une adresse logique de 3 bits, ce qui permet un maximum de huit appareils. Les appareils dits en mode *parked* sont synchronisés mais ne possèdent pas d'adresse physique dans le picoréseau.

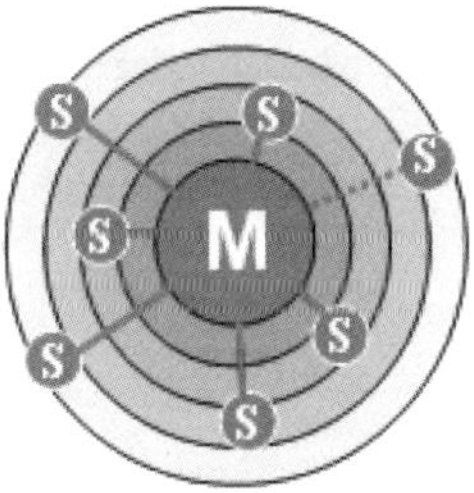

En réalité, à un instant donné, le périphérique maître ne peut se connecter qu'à un seul esclave à la fois. Il commute donc très rapidement d'un esclave à un autre afin de donner l'illusion d'une connexion simultanée à l'ensemble des périphériques esclaves.

Le standard Bluetooth prévoit la possibilité de relier deux *piconets* entre eux afin de former un réseau élargi, appelé **réseau chaîné** (*scatternet*), grâce à certains périphériques faisant office de pont entre les deux piconets.

❑ Établissement des connexions

L'**établissement d'une connexion** entre deux périphériques Bluetooth suit une procédure relativement compliquée permettant d'assurer un certain niveau de sécurité, selon le processus suivant :

- Mode passif.
- Phase d'inquisition : découverte des points d'accès.
- Synchronisation avec le point d'accès (*paging*).
- Découverte des services du point d'accès.
- Création d'un canal avec le point d'accès.
- Pairage à l'aide d'un code PIN (sécurité).
- Utilisation du réseau.

En utilisation normale un périphérique fonctionne en **mode passif**, c'est-à-dire qu'il est à l'écoute du réseau.

L'établissement de la connexion commence par une phase appelée **phase d'inquisition** (*inquiry*), pendant laquelle le périphérique maître envoie une requête d'inquisition à tous les périphériques présents dans la zone de portée, appelés **points d'accès**. Tous les périphériques recevant la requête répondent avec leur adresse.

Le périphérique maître choisit une adresse et se synchronise avec le point d'accès selon une technique, appelée **paging**, consistant notamment à synchroniser son horloge et sa fréquence avec le point d'accès. Un lien s'établit ensuite avec le point d'accès, permettant au périphérique maître d'entamer une phase de **découverte des services** du point d'accès, selon un protocole appelé **SDP** (*Service Discovery Protocol*).

À l'issue de cette phase de découverte de services, le périphérique maître est en mesure de créer un **canal de communication** avec le point d'accès en utilisant le protocole **L2CAP**.

Selon les besoins du service, un canal supplémentaire, appelé **RFCOMM**, fonctionnant au-dessus du canal L2CAP pourra être établi afin de fournir un port série virtuel. En effet certaines applications sont prévues pour se connecter à un port standard, indépendant de tout matériel. C'est le cas par exemple de certaines applications de navigation routière prévues pour se connecter à n'importe quel dispositif GPS[1] Bluetooth.

Il se peut que le point d'accès intègre un mécanisme de sécurité, appelé **pairage** (*pairing*), permettant de restreindre l'accès aux seuls utilisateurs autorisés afin de garantir un certain niveau d'étanchéité du picoréseau. Le pairage se fait à l'aide d'une clé de chiffrement communément appelée **code PIN** (PIN, *Personal Information Number*). Le point d'accès envoie ainsi une requête de pairage au périphérique maître. Ceci peut la plupart du temps déclencher une intervention de l'utilisateur pour saisir le code PIN du point d'accès. Si le code PIN reçu est correct, l'association a lieu. En mode sécurisé, le code PIN sera transmis chiffré à l'aide d'une seconde clé, afin d'éviter tout risque de compromission.

Lorsque le pairage est effectif, le périphérique maître est libre d'utiliser le canal de communication ainsi établi !

WiMAX

WiMAX (*Worldwide Interoperability for Microwave Access*) est un standard de réseau sans fil métropolitain créé par les sociétés Intel et Alvarion en 2002 et ratifié par l'IEEE (*Institute of Electrical and Electronics Engineer*) sous le nom **IEEE-802.16**. Plus exactement, WiMAX est le label commercial délivré par le **WiMAX Forum** aux équipements conformes à la norme IEEE 802.16, afin de garantir un haut niveau d'interopérabilité entre ces différents équipements. Les équipements certifiés par le WiMAX Forum peuvent ainsi arborer le logo suivant :

Caractérisitques

L'objectif du WiMAX est de fournir une connexion Internet à haut débit sur une zone de couverture de plusieurs kilomètres de rayon.

1. GPS (*Global Positionning System)* : système de géolocalisation par satellite, permettant de connaître les coordonnées terrestres d'un appareil mobile ou d'un véhicule.

Ainsi, dans la théorie, le WiMAX permet d'obtenir des débits montants et descendants de 70 Mbit/s avec une portée de 50 kilomètres. Le **standard WiMAX** possède l'avantage de permettre une connexion sans fil entre une station de base (BTS, *Base Transceiver Station*) et des milliers d'abonnés sans nécessiter de ligne visuelle directe (LOS, *Line Of Sight*, ou NLOS, *Non Line Of Sight*). Dans la réalité le WiMAX ne permet de franchir que de petits obstacles tels que des arbres ou une maison mais ne peut en aucun cas traverser les collines ou les immeubles. Le débit réel lors de la présence d'obstacles ne pourra ainsi excéder 20 Mbit/s.

Normes WiMAX

Standard	Bande de fréquence	État	Portée
IEEE std 802.16	Définit des réseaux métropolitains sans fil sur des bandes de fréquences supérieures à 10 GHz.	10/2002	Obsolète
IEEE std 802.16a	Définit des réseaux métropolitains sans fil sur des bandes de fréquences comprises entre 2 et 11 GHz.	09/10/2003	Obsolète
IEEE 802.16b	Définit des réseaux métropolitains sans fil dans les bandes de fréquences comprises entre 10 et 60 GHz.		Fusionné avec 802.16a (obsolète)
IEEE std 802.16c	Définit des options (profils) pour les réseaux métropolitains sans fil dans les bandes de fréquences libres.		juillet 2003
IEEE 802.16d (IEEE std 802.16-2004)	Révision intégrant les standards 802.16, 802.16a et 802.16c.	01/10/2004	Actif
IEEE std 802.16e	Définit la possibilité d'utilisation de réseaux métropolitains sans fil avec des clients mobiles.		non ratifié
IEEE std 802.16f	Définit la possibilité d'utilisation de réseaux sans fil maillés (*mesh network*).		non ratifié

Fonctionnement

Le cœur de la technologie WiMAX est la **station de base** (BTS, *Base Transceiver Station*), c'est-à-dire l'antenne centrale chargée de communiquer avec les **antennes d'abonnés** (*subscribers antennas*). On parle ainsi de **liaison point-multipoints** pour désigner le mode de communication du WiMAX.

❑ WiMAX fixe et WiMAX mobile

Les révisions du standard IEEE 802.16 se déclinent en deux catégories :

- **WiMAX fixe**, également appelé **IEEE 802.16-2004**, qui est prévu pour un usage fixe avec une antenne montée sur un toit, à la manière d'une antenne TV. Le WiMAX fixe opère dans les bandes de fréquence 2,5 GHz et 3,5 GHz, pour lesquelles une licence d'exploitation est nécessaire, ainsi que dans la bande libre des 5,8 GHz.
- **WiMAX mobile** (*WiMAX portable*), également baptisé **IEEE 802.16e**, prévoit la possibilité de connecter des clients mobiles au réseau Internet. Le WiMAX mobile ouvre ainsi la voie à la téléphonie mobile sur IP ou plus largement à des services mobiles haut débit.

Standard	Bande de fréquence	Débit	Portée
WiMAX fixe (802.16-2004)	2-11 GHz (3,5 GHz en Europe)	75 Mbits/s	10 km
WiMAX mobile (802.16e)	2-6 GHz	30 Mbits/s	3,5 km

Applications du WiMAX

Un des usages possibles du WiMAX consiste à couvrir la zone dite du « dernier kilomètre » (*last mile*), encore appelée **Boucle locale radio** (BLR), c'est-à-dire fournir un accès à Internet haut débit aux zones non couvertes par les technologies filaires classiques (lignes xDSL telles que l'ADSL, câble ou encore les lignes spécialisées T1, etc.).

Une autre possibilité d'utilisation consiste à utiliser le WiMAX comme **réseau de collecte** (*backhaul*) entre des réseaux locaux sans fil, utilisant par exemple le standard WiFi. Ainsi, le WiMAX permettra à terme de relier entre eux différents *hotspots* (zone d'accès) afin de créer un **réseau maillé**.

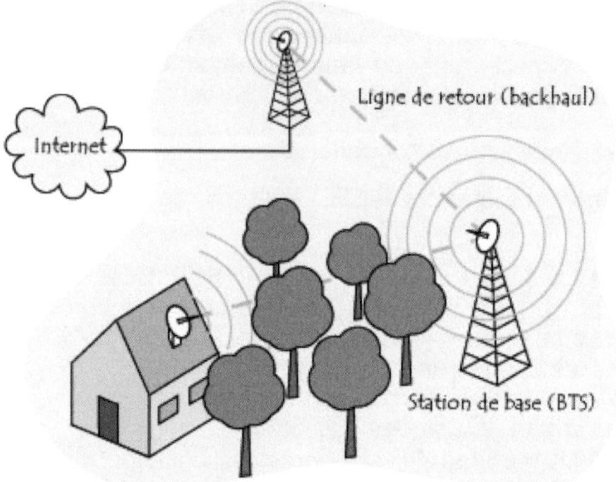

Le standard WiMAX intègre nativement la notion de **qualité de service** (souvent notée **QoS**, *Quality of Service*), c'est-à-dire la capacité à garantir le fonctionnement d'un service à un utilisateur. Dans la pratique, WiMAX permet ainsi de réserver une bande passante pour un usage donné. En effet, certains usages ne peuvent pas tolérer de goulots d'étranglement. C'est le cas notamment de la **voix sur IP** (VoIP) car la communication orale ne peut pas tolérer de coupures de l'ordre de la seconde.

WiFi

La norme **IEEE 802.11** (ISO/IEC 8802-11) est un standard international décrivant les caractéristiques d'un réseau local sans fil (WLAN). Le nom **WiFi** (*Wireless Fidelity*) correspond initialement au nom donné à la certification délivrée par la Wi-Fi Alliance[1], l'organisme chargé de maintenir l'interopérabilité entre les matériels répondant à la norme 802.11. Par abus de langage (et pour des raisons de marketing) le nom de la norme se confond aujourd'hui avec le nom de la certification. Ainsi un réseau WiFi est en réalité un réseau répondant à la **norme 802.11**. Les matériels certifiés par la Wi-Fi Alliance arborent le logo suivant :

Grâce au WiFi il est possible de créer des réseaux locaux sans fil à haut débit pour peu que la station à connecter ne soit pas trop distante par rapport au point d'accès. Dans la pratique le WiFi permet de relier des ordinateurs portables, des machines de bureau, des assistants personnels (PDA) ou tout type de périphérique à une liaison haut débit (11 Mbps ou supérieur) sur un rayon de plusieurs dizaines de mètres en intérieur (généralement entre une vingtaine et une cinquantaine de mètres) à plusieurs centaines de mètres en environnement ouvert.

1. Anciennement WECA (*Wireless Ethernet Compatibility Alliance*).

Ainsi des opérateurs commencent à irriguer des zones à fortes concentrations d'utilisateurs (gares, aéroports, hôtels, trains...) avec des réseaux sans fil. Ces zones d'accès sont appelées **hotspots**.

Présentation du WiFi (802.11)

La **norme 802.11** s'attache à définir les couches basses du modèle OSI pour une liaison sans fil utilisant des ondes électromagnétiques, c'est-à-dire :

- la couche Physique (notée parfois *couche PHY*), proposant trois types de codages de l'information ;
- la couche Liaison de données, constitué de deux sous-couches : le contrôle de la liaison logique (LLC, *Logical Link Control*) et le contrôle d'accès au support (MAC, *Media Access Control*).

La **couche Physique** définit la modulation des ondes radioélectriques et les caractéristiques de la signalisation pour la transmission de données, tandis que la couche **Laison de données** définit l'interface entre le bus de la machine et la couche Physique, notamment une méthode d'accès proche de celle utilisée dans le standard Ethernet et les règles de communication entre les différentes stations. La norme 802.11 propose en réalité trois couches Physique, définissant des modes de transmission alternatifs :

Couche Liaison de données (MAC)	802.2
	802.11
Couche Physique (PHY)	DSSS FHSS Infrarouges

Il est possible d'utiliser n'importe quel protocole de haut niveau sur un réseau sans fil WiFi au même titre que sur un réseau Ethernet.

Normes WiFi

La **norme IEEE 802.11** est en réalité la norme initiale offrant des débits de 1 ou 2 Mbps. Des révisions ont été apportées à la norme originale afin d'optimiser le débit (c'est le cas des normes 802.11a, 802.11b et 802.11g, appelées normes 802.11 physiques) ou bien préciser des éléments afin d'assurer une meilleure sécurité ou une meilleure interopérabilité.

802.11a

La norme 802.11a permet d'obtenir un débit théorique de 54 Mbps, soit cinq fois plus que le 802.11b, pour une portée d'environ une trentaine de mètres seulement. La norme 802.11a s'appuie sur un codage du type OFDM (*Orthogonal Frequency Division Multiplexing*) sur la bande de fréquence 5 GHz et utilise huit canaux qui ne se recouvrent pas.

Ainsi, les équipements 802.11a ne sont donc pas compatibles avec les équipements 802.11b. Il existe toutefois des matériels intégrant des puces 802.11a et 802.11b, on parle alors de matériels **dual band**.

Débit théorique (en intérieur)	Portée
54 Mbit/s	10 m
48 Mbit/s	17 m
36 Mbit/s	25 m
24 Mbit/s	30 m
12 Mbit/s	50 m
6 Mbit/s	70 m

802.11b

La **norme 802.11b** permet d'obtenir un débit théorique de 11 Mbps, pour une portée d'environ une cinquantaine de mètres en intérieur et jusqu'à 200 mètres en extérieur (et même au-delà avec des antennes directionnelles).

Débit théorique	Portée (en intérieur)	Portée (à l'extérieur)
11 Mbit/s	50 m	200 m
5,5 Mbit/s	75 m	300 m
2 Mbit/s	100 m	400 m
1 Mbit/s	150 m	500 m

802.11g

La **norme 802.11g** permet d'obtenir un débit théorique de 54 Mbps pour des portées équivalentes à celles de la norme 802.11b. D'autre part, dans la mesure où la norme 802.11g utilise la bande de fréquence 2,4 GHZ avec un codage OFDM, cette norme est compatible avec les matériels 802.11b, à l'exception de certains anciens matériels.

Débit théorique	Portée (en intérieur)	Portée (à l'extérieur)
54 Mbit/s	27 m	75 m
48 Mbit/s	29 m	100 m
36 Mbit/s	30 m	120 m
24 Mbit/s	42 m	140 m
18 Mbit/s	55 m	180 m
12 Mbit/s	64 m	250 m
9 Mbit/s	75 m	350 m
6 Mbit/s	90 m	400 m

Portées et débits

Les normes 802.11a, 802.11b et 802.11g correspondent à des révisions du standard 802.11 et proposent des modes de fonctionnement, permettant d'obtenir différents **débits** en fonction de la **portée**.

Standard	Bande de fréquence	Débit	Portée
WiFi a (802.11a)	5 GHz	54 Mbit/s	10 m
WiFi b (802.11b)	2,4 GHz	11 Mbit/s	100 m
WiFi g (802.11g)	2,4 GHz	54 Mbit/s	100 m

Modes de fonctionnement du WiFi

Il existe différents types d'équipement pour la mise en place d'un réseau sans fil Wifi :

- Les **adaptateurs sans fils** ou **cartes d'accès** (*wireless adapters* ou NIC, *Network Interface Controller*) : il s'agit d'une carte réseau à la norme 802.11 permettant à une machine de se connecter à un réseau sans fil. Les adaptateurs WiFi sont disponibles dans de nombreux formats (carte PCI, carte PCMCIA, adaptateur USB, carte CompactFlash...). On appelle **station** tout équipement possédant une telle carte.
- Les **points d'accès** (notés AP, *Access Point*, parfois appelés *bornes sans fil*) permettant de donner un accès au réseau filaire (auquel il est raccordé) aux différentes stations avoisinantes équipées de cartes WiFi.

Le standard 802.11 définit deux modes opératoires :

- Le **mode infrastructure** dans lequel les clients sans fil sont connectés à un point d'accès. Il s'agit généralement du mode par défaut des cartes 802.11b.
- Le **mode ad-hoc** dans lequel les clients sont connectés les uns aux autres sans aucun point d'accès.

Mode infrastructure

En **mode infrastructure** chaque ordinateur station (notée STA) se connecte à un point d'accès *via* une liaison sans fil. L'ensemble formé par le point d'accès et les stations situés dans sa zone de couverture est appelé **ensemble de services de base** (BSS, *Basic*

Service Set) et constitue une cellule. Chaque BSS est identifié par un **BSSID**, un identifiant de 6 octets (48 bits). Dans le mode infrastructure, le BSSID correspond à l'adresse MAC du point d'accès.

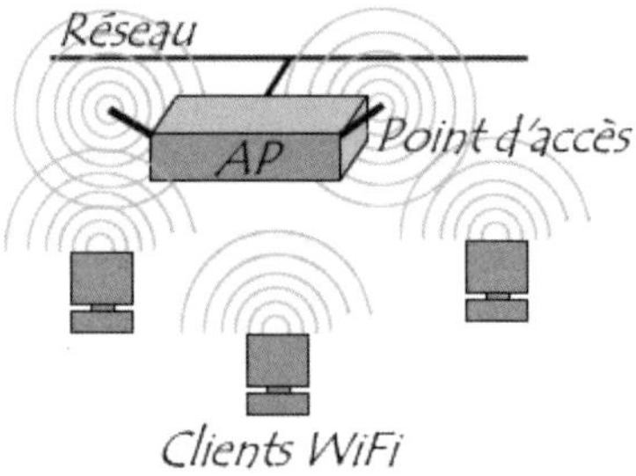

Il est possible de relier plusieurs points d'accès entre eux (ou plus exactement plusieurs BSS) par une liaison appelée **système de distribution** (DS**,** *Distribution System*) afin de constituer un **ensemble de services étendu** (ESS, *Extended Service Set*). Le système de distribution peut être aussi bien un réseau filaire, qu'un câble entre deux points d'accès ou bien même un réseau sans fil !

Un ESS est repéré par un **ESSID** (*Service Set Identifier*), c'est-à-dire un identifiant de 32 caractères de long (au format ASCII) servant de nom pour le réseau. L'ESSID, souvent abrégé en **SSID**, représente le nom du réseau et représente en quelque sorte un premier niveau de sécurité dans la mesure où la connaissance du **SSID** est nécessaire pour qu'une station se connecte au réseau étendu.

Lorsqu'un utilisateur nomade passe d'un BSS à un autre lors de son déplacement au sein de l'ESS, l'adaptateur réseau sans fil de sa machine est capable de changer de point d'accès selon la qualité de réception des signaux provenant des différents points d'accès. Les points d'accès communiquent entre eux grâce au système de distribution afin d'échanger des informations sur les stations et permettre le cas échéant de transmettre les données des stations mobiles. Cette caractéristique permettant aux stations de « passer de façon transparente » d'un point d'accès à un autre est appelée **itinérance** (*roaming*).

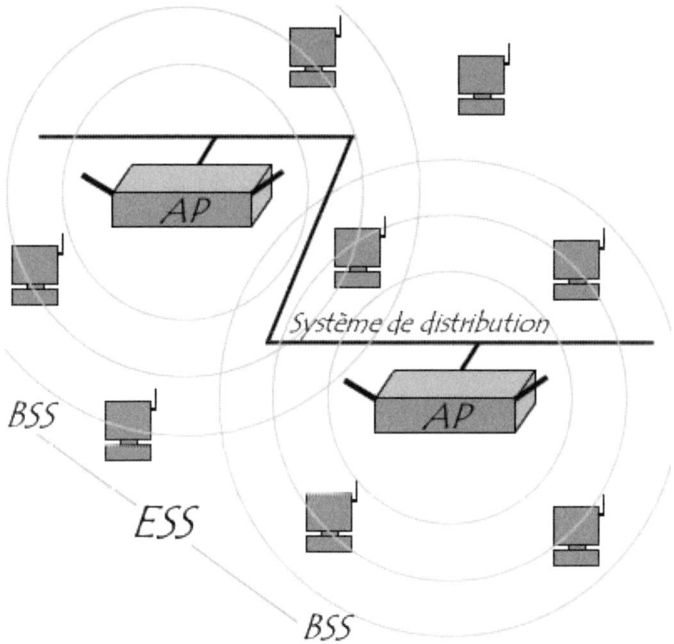

❑ Communication avec le point d'accès

Lors de l'entrée d'une station dans une cellule, celle-ci diffuse sur chaque canal une **requête de sondage** (*probe request*) contenant l'ESSID pour lequel elle est configurée ainsi que les débits que son adaptateur sans fil supporte. Si aucun ESSID n'est configuré, la station écoute le réseau à la recherche d'un SSID.

En effet chaque point d'accès diffuse régulièrement (à raison d'un envoi toutes les 0,1 seconde environ) une **trame balise** (*beacon*) donnant des informations sur son BSSID, ses caractéristiques et éventuellement son ESSID. L'ESSID est automatiquement diffusé par défaut, mais il est possible (et recommandé) de désactiver cette option.

À chaque requête de sondage reçue, le point d'accès vérifie l'ESSID et la demande de débit présents dans la trame balise. Si l'ESSID correspond à celui du point d'accès, ce dernier envoie une réponse contenant des informations sur sa charge et des données de synchronisation. La station recevant la réponse peut ainsi constater la qualité du signal émis par le point d'accès afin de juger de la distance à laquelle il se situe. En effet d'une manière générale, plus un point d'accès est proche, meilleur est le débit.

Une station se trouvant à la portée de plusieurs points d'accès (possédant bien évidemment le même SSID) pourra ainsi « choisir » le point d'accès offrant le meilleur compromis de débit et de charge.

Attention !

Lorsqu'une station se trouve dans le rayon d'action de plusieurs points d'accès, c'est elle qui choisit auquel se connecter !

Mode ad-hoc

En **mode ad-hoc** les machines sans fil clientes se connectent les unes aux autres afin de constituer un réseau d'égal à égal (*peer to peer*), c'est-à-dire un réseau dans lequel chaque machine joue en même temps le rôle de client et le rôle de point d'accès.

L'ensemble formé par les différentes stations est appelé **ensemble de services de base indépendants** (IBSS, *Independant Basic Service Set*).

Un IBSS est ainsi un réseau sans fil constitué au minimum de deux stations et n'utilisant pas de point d'accès. L'IBSS constitue donc un réseau éphémère permettant à des personnes situées dans une même salle d'échanger des données. Il est identifié par un SSID, comme l'est un ESS en mode infrastructure.

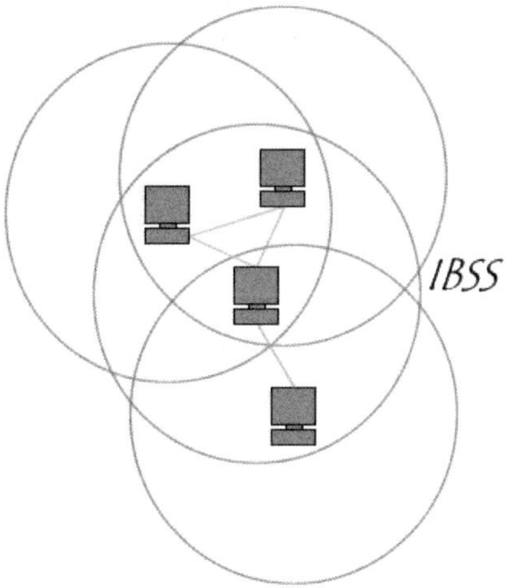

Dans un réseau ad-hoc, la portée du BSS indépendant est déterminée par la portée de chaque station. Cela signifie que si deux des stations du réseau sont hors de portée l'une de l'autre, elles ne pourront pas communiquer, même si elles « voient » d'autres stations. En effet, contrairement au mode infrastructure, le mode ad-hoc ne propose pas de système de distribution capable de transmettre les trames d'une station à une autre. Ainsi un IBSS est par définition un réseau sans fil restreint.

Risques liés aux réseaux sans fil

Les ondes radioélectriques ont intrinsèquement une grande capacité à se propager dans toutes les directions avec une portée relativement grande. Il est ainsi très difficile d'arriver à confiner les émissions d'ondes radio dans un périmètre restreint. La propagation des ondes radio doit également être pensée en trois dimensions. Ainsi les ondes se propagent également d'un étage à un autre avec de plus grandes atténuations.

La principale conséquence de cette « propagation sauvage » des ondes radio est la facilité que peut avoir une personne non autorisée d'**écouter le réseau**, éventuellement en dehors de l'enceinte du bâtiment où le réseau sans fil est déployé.

Là où le bât blesse c'est qu'un réseau sans fil peut très bien être installé dans une entreprise sans que le service informatique ne soit au courant ! Il suffit en effet à un employé de brancher un point d'accès sur une prise réseau pour que toutes les communications du réseau soient rendues « publiques » dans le rayon de couverture du point d'accès !

Les risques liés à la mauvaise protection d'un réseau sans fil sont multiples :

- L'**interception de données** consistant à écouter les transmissions des différents utilisateurs du réseau sans fil.
- Le **détournement de connexion** dont le but est d'obtenir l'accès à un réseau local ou à Internet.
- Le **brouillage des transmissions** consistant à émettre des signaux radio de telle manière à produire des interférences.
- Les **dénis de service** rendant le réseau inutilisable en envoyant des commandes factices.

Interception de données

Par défaut un réseau sans fil est non sécurisé, c'est-à-dire qu'il est ouvert à tous et que toute personne se trouvant dans le rayon de portée d'un point d'accès peut potentiellement **écouter toutes les communications** circulant sur le réseau. Pour un particulier la menace est faible car les données sont rarement confidentielles, si ce n'est les données à caractère personnel. Pour une entreprise en revanche l'enjeu stratégique peut être très important.

❏ War driving

Étant donné qu'il est très facile d'« écouter » des réseaux sans fils, une pratique venue tout droit des États-Unis consiste à circuler dans la ville avec un ordinateur portable (voire un assistant personnel) équipé d'une carte réseau sans fil à la recherche de réseaux sans fil, il s'agit du **war driving** (parfois noté *war-driving, wardriving* ou *war-Xing* pour *war crossing*). Des logiciels spécialisés dans ce type d'activité permettent même d'établir une cartographie très précise en exploitant un matériel de géolocalisation (GPS, *Global Positionning System*).

Les cartes établies permettent ainsi de mettre en évidence les réseaux sans fil déployés non sécurisés, offrant même parfois un accès à Internet ! De nombreux sites capitalisant ces informations ont vu le jour sur Internet, si bien que des étudiants londoniens ont eu l'idée d'inventer un « langage des signes » dont le but est de rendre visible les réseaux sans fil en dessinant à même le trottoir des symboles à la craie indiquant la présence d'un réseau *wireless*, il s'agit du **war chalking** (francisé en *craieFiti* ou *craie-fiti*). Deux demi-cercles opposés désignent ainsi un réseau ouvert offrant un accès à Internet, un rond signale la présence d'un réseau sans fil ouvert sans accès à un réseau filaire et enfin un W encerclé met en évidence la présence d'un réseau sans fil correctement sécurisé.

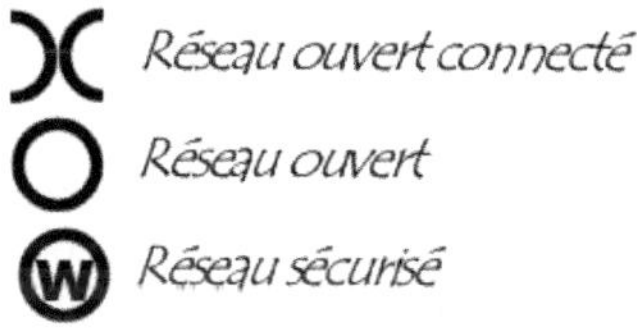

Intrusion réseau

Lorsqu'un point d'accès est installé sur le réseau local, il permet aux stations d'accéder au réseau filaire et éventuellement à Internet si le réseau local y est relié. Un réseau sans fil non sécurisé représente de cette façon un point d'entrée royal pour le pirate au **réseau interne** d'une entreprise ou une organisation.

Outre le vol ou la destruction d'informations présentes sur le réseau et l'accès à Internet gratuit pour le pirate, le réseau sans fil peut également représenter une aubaine pour ce dernier dans le but de mener des attaques sur Internet. En effet étant donné qu'il n'y a aucun moyen d'identifier le pirate sur le réseau, l'entreprise ayant installé le réseau sans fil risque d'être tenue responsable de l'attaque.

Brouillage radio

Les ondes radio sont très sensibles aux **interférences**, c'est la raison pour laquelle un signal peut facilement être brouillé par une émission radio ayant une fréquence proche de celle utilisée dans le réseau sans fil. Un simple four à micro-ondes peut ainsi rendre totalement inopérable un réseau sans fil lorsqu'il fonctionne dans le rayon d'action d'un point d'accès.

Dénis de service

La méthode d'accès au réseau de la norme 802.11 est basée sur le protocole CSMA/CA, consistant à attendre que le réseau soit libre avant d'émettre. Une fois la connexion établie, une station doit s'associer à un point d'accès afin de pouvoir lui envoyer des paquets. Ainsi, les méthodes d'accès au réseau et d'association étant connus, il est simple pour un pirate d'envoyer des paquets demandant la désassociation de la station. Il s'agit d'un **déni de service**, c'est-à-dire un envoi d'informations destiné à perturber volontairement le fonctionnement du réseau sans fil.

D'autre part, la connexion à des réseaux sans fil est consommatrice d'énergie. Même si les périphériques sans fil sont dotés de fonctionnalités leur permettant d'économiser le maximum d'énergie, un pirate peut éventuellement envoyer un grand nombre de données (chiffrées) à une machine de telle manière à la surcharger. En effet, un grand nombre de périphériques portables (assistant digital personnel, ordinateur portable...) possèdent une autonomie limitée, c'est pourquoi un pirate peut vouloir provoquer une surconsommation d'énergie de telle manière à rendre l'appareil temporairement inutilisable, c'est ce que l'on appelle un **déni de service sur batterie**.

Sécurisation d'un réseau WiFi

Une infrastructure adaptée

La première chose à faire lors de la mise en place d'un réseau sans fil consiste à **positionner** intelligemment les points d'accès selon la zone que l'on souhaite couvrir. Il n'est toutefois pas rare que la zone effectivement couverte soit largement plus grande que souhaitée, auquel cas il est possible de réduire la puissance de la borne d'accès afin d'adapter sa portée à la zone à couvrir.

Éviter les valeurs par défaut

Lors de la première installation d'un point d'accès, celui-ci est configuré avec des **valeurs par défaut**, y compris en ce qui concerne le mot de passe de l'administrateur. Un grand nombre d'administrateurs en herbe considèrent qu'à partir du moment où le réseau fonctionne il est inutile de **modifier la configuration du point d'accès**. Toutefois les paramètres par défaut sont tels que la sécurité est minimale. Il est donc impératif de se connecter à l'interface d'administration (généralement *via* une interface web sur un port spécifique de la borne d'accès) notamment pour définir un mot de passe d'administration.

D'autre part, afin de se connecter à un point d'accès il est indispensable de connaître l'identifiant du réseau (SSID). Ainsi il est vivement conseillé de modifier le nom du réseau par défaut et de désactiver la diffusion (*broadcast*) de ce dernier sur le réseau. Le changement de l'identifiant réseau par défaut est d'autant plus important qu'il peut donner aux pirates des éléments d'information sur la marque ou le modèle du point d'accès utilisé.

Filtrage des adresses MAC

Chaque adaptateur réseau possède une adresse physique, appelée **adresse MAC**, qui lui est propre. Cette adresse est représentée par 12 chiffres hexadécimaux groupés par paires et séparés par des tirets.

Les points d'accès permettent généralement dans leur interface de configuration de gérer une liste de droits d'accès, appelée ACL, basée sur les adresses MAC des équipements autorisés à se connecter au réseau sans fil. Cette précaution un peu contraignante permet de limiter l'accès au réseau à un certain nombre de machines. En contrepartie cela ne résout pas le problème de la confidentialité des échanges.

WEP

Pour remédier aux problèmes de confidentialité des échanges sur les réseaux sans fil, le standard 802.11 intègre un mécanisme simple de chiffrement des données, il s'agit du **WEP** (*Wired equivalent privacy*).

Le WEP est un protocole chargé du chiffrement des trames 802.11 utilisant l'algorithme symétrique RC4 avec des clés d'une longueur de 64 ou 128 bits. Le principe du WEP consiste à définir dans un premier temps une clé secrète de 40 ou 128 bits. Cette clé secrète doit être déclarée au niveau du point d'accès et des clients. La clé sert à créer un nombre pseudo-aléatoire d'une longueur égale à la longueur de la trame. Chaque transmission de donnée est ainsi chiffrée en utilisant le nombre pseudo-aléatoire comme masque grâce à un *OU Exclusif* entre le nombre pseudo-aléatoire et la trame.

La clé de session partagée par toutes les stations est statique, c'est-à-dire que pour déployer un grand nombre de stations WiFi il est nécessaire de les configurer en utilisant la même clé de session. Ainsi la connaissance de la clé est suffisante pour déchiffrer les communications.

De plus, 24 bits de la clé servent uniquement pour l'initialisation, ce qui signifie que seuls 40 bits de la clé de 64 bits servent réellement à chiffrer et 104 bits pour la clé de 128 bits.

Dans le cas de la clé de 40 bits, une **attaque par force brute** (c'est-à-dire en essayant toutes les possibilités de clés) peut très vite amener le pirate à trouver la clé de session. De plus une faille décelée par Fluhrer, Mantin et Shamir concernant la génération de la chaîne pseudo-aléatoire rend possible la découverte de la clé de session en stockant 100 Mo à 1 Go de trafic créés intentionnellement.

Le WEP n'est donc pas suffisant pour garantir une réelle confidentialité des données. Pour autant, il est vivement conseillé de mettre au moins en œuvre une protection WEP 128 bits afin d'assurer un niveau de confidentialité minimum et d'éviter de cette façon 90% des risques d'intrusion.

Améliorer l'authentification

Afin de gérer plus efficacement les **authentifications**, les autorisations et la gestion des comptes utilisateurs (AAA, *Authentication, Authorization and Accounting*), il est possible de recourir à un **serveur RADIUS** (*Remote Authentication Dial-In User Service*). Le protocole RADIUS (défini par les RFC 2865 et 2866) est un système client/serveur permettant de gérer de façon centralisée les comptes des utilisateurs et les droits d'accès associés.

WPA

Le **WPA** (*WiFi Protected Access*) est une version « allégée » du protocole 802.11i, reposant sur des protocoles d'authentification et un algorithme de cryptage robuste : **TKIP** (*Temporary Key Integrity Protocol*). Le protocole TKIP permet la génération aléatoire de clés et offre la possibilité de modifier la clé de chiffrement plusieurs fois par secondes, pour plus de sécurité.

Le fonctionnement de WPA repose sur la mise en œuvre d'un serveur d'authentification (la plupart du temps un serveur RADIUS), permettant d'identifier les utilisateurs sur le réseau et de définir leurs droits d'accès. Néanmoins, il est possible pour les petits réseaux de mettre en œuvre une version restreinte du WPA, appelée **WPA-PSK**, en déployant une même clé de chiffrement dans l'ensemble des équipements, ce qui évite la mise en place d'un serveur RADIUS.

Le WPA (dans sa première mouture) ne supporte que les réseaux en mode infrastructure, ce qui signifie qu'il ne permet pas de sécuriser des réseaux sans fil d'égal à égal (mode ad-hoc).

WPA2 - 802.11i

Le 802.11i a été ratifié le 24 juin 2004, afin de fournir une solution de sécurisation poussée des réseaux WiFi. Il s'appuie sur l'algorithme de chiffrement TKIP, comme le WPE, mais supporte également l'AES (*Advanced Encryption Standard*), beaucoup plus sûr.

La Wi-Fi Alliance a ainsi créé une nouvelle certification, baptisée **WPA2**, pour les matériels supportant le standard 802.11i. Contrairement au WPA, le WPA2 permet de sécuriser aussi bien les réseaux sans fil en mode infrastructure que les réseaux en mode ad-hoc.

Architectures WPA

La norme IEEE 802.11i définit deux modes de fonctionnement :

- Le mode **WPA Personal** : il permet de mettre en œuvre une infrastructure sécurisée basée sur le WPA sans mettre en œuvre de serveur d'authentification. Le WPA personnel repose sur l'utilisation d'une clé partagée, appelée **PSK** (*Pre-shared Key*), renseignée dans le point d'accès ainsi que dans les postes clients. Contrairement au WEP, il n'est pas nécessaire de saisir une clé de longueur prédéfinie. En effet, le WPA permet de saisir une *passphrase* (phrase secrète), traduite en PSK par un algorithme de hachage.
- Le mode **WPA Enterprise** : il impose l'utilisation d'une infrastructure d'authentification 802.1x basée sur l'utilisation d'un serveur d'authentification, généralement un serveur RADIUS, et d'un contrôleur réseau (le point d'accès)

Pour en savoir plus

Référez-vous à la présentation du WPA2 par la Wi-Fi Alliance : *http://www.wi-fi.org/OpenSection/protected_access.asp*

802.1x

Le standard **802.1x** est une solution de sécurisation, mise au point par l'IEEE en juin 2001, permettant d'authentifier (identifier) un utilisateur souhaitant accéder à un réseau (filaire ou non) grâce à un serveur d'authentification. Le 802.1x repose sur le protocole EAP (*Extensible Authentication Protocol*), défini par l'IETF, dont le rôle est de transporter les informations d'identification des utilisateurs.

À savoir

Outre l'authentification des utilisateurs, le standard 802.1x est un support permettant de changer les clés de chiffrement des utilisateurs de manière sécurisé, afin d'améliorer la sécurité globale.

Protocole EAP

Le fonctionnement du protocole **EAP** est basé sur l'utilisation d'un **contrôleur d'accès** (*authenticator*), chargé d'établir ou non l'accès au réseau pour un **utilisateur** (*supplicant*). Le contrôleur d'accès est un simple garde-barrière servant d'intermédiaire entre l'utilisateur et un **serveur d'authentification** (*authentication server*), il ne nécessite que très peu de ressources pour fonctionner. Dans le cas d'un réseau sans fil, c'est le point d'accès qui joue le rôle de contrôleur d'accès.

Le **serveur d'authentification** (appelé parfois NAS, *Network Authentification Service*, traduisez *service d'authentification réseau*, ou *Network Access Service* pour *serveur d'accès réseau*) permet de valider l'identité de l'utilisateur, transmis par le contrôleur réseau, et de lui renvoyer les droits associés en fonction des informations d'identification fournies.

De plus, un tel serveur permet de stocker et de comptabiliser des informations concernant les utilisateurs afin, par exemple, de pouvoir les facturer à la durée ou au volume (dans le cas d'un fournisseur d'accès par exemple).

La plupart du temps le serveur d'authentification est un **serveur RADIUS**, un serveur d'authentification standard défini par les RFC 2865 et 2866, mais tout autre service d'authentification peut être utilisé.

Ainsi, le schéma global suivant récapitule le fonctionnement global d'un réseau sécurisé avec le standard 802.1x :

- Le contrôleur d'accès, ayant préalablement reçu une demande de connexion de la part de l'utilisateur, envoie une requête d'identification.
- L'utilisateur envoie une réponse au contrôleur d'accès, qui la fait suivre au serveur d'authentification.
- Le serveur d'authentification envoie un « challenge » au contrôleur d'accès, qui le transmet à l'utilisateur. Le challenge est une méthode d'identification. Si le client ne gère pas la méthode, le serveur en propose une autre et ainsi de suite.
- L'utilisateur répond au challenge. Si l'identité de l'utilisateur est correcte, le serveur d'authentification envoie un accord

au contrôleur d'accès, qui acceptera l'utilisateur sur le réseau ou à une partie du réseau, selon ses droits. Si l'identité de l'utilisateur n'a pas pu être vérifiée, le serveur d'authentification envoie un refus et le contrôleur d'accès refusera à l'utilisateur d'accéder au réseau.

Mise en place d'un réseau filaire

Lorsque vous disposez de plusieurs ordinateurs, il peut être pratique de les connecter ensemble afin de créer un **réseau local** (LAN). La mise en place d'un tel réseau est très peu onéreuse et permet entre autres :

- le transfert de fichiers,
- le partage de ressources (partage de la connexion à Internet, partage d'imprimante, disques partagés, etc.),
- la mobilité (dans le cas d'un réseau sans fil),
- la discussion (essentiellement lorsque les ordinateurs sont distants),
- le jeu en réseau.

Il existe deux principaux types d'architecture de réseau local : les réseaux en câblage **RJ45** (représentant la quasi-totalité des réseaux locaux) et les réseaux en câble **BNC**, en voie de disparition.

Matériel nécessaire

Pour créer un réseau local en **RJ45**, il suffit de :

- Plusieurs **ordinateurs** tournant sous Windows (des ordinateurs tournant sous deux versions différentes de Windows peuvent faire partie du même réseau) ;

- Des **cartes Ethernet**, sur port PCI (comportant une prise RJ45) ou intégrées à la carte-mère. Vérifiez le cas échéant que les diodes à l'arrière de la carte réseau s'allument lorsque l'ordinateur est sous-tension et qu'un câble est branché ! Il existe également des adaptateurs réseau sur port USB, notamment dans le cas d'adaptateurs réseau sans fil ;
- Des **câbles RJ45**, dans le cas de réseaux filaires ;
- Un **concentrateur** (*hub*), boîtier auquel il est possible de connecter les câbles RJ45 provenant des différents ordinateurs du réseau, dont le prix est assez peu élevé (comptez environ 50 €), ou un **commutateur** (*switch*) ou bien de façon alternative un **câble RJ45 croisé** si l'on désire connecter uniquement deux ordinateurs.

Architecture du réseau

Pour créer un réseau local en RJ45, il est recommandé d'adopter une **structure en étoile** dans laquelle les ordinateurs sont chacun connectés au *hub* (concentrateur ou collecteur) par l'intermédiaire d'un câble RJ45. Le choix du *hub* se fera donc en fonction du nombre d'ordinateurs connectés afin d'avoir assez de prises (ports) sur celui-ci.

Dans le cas d'un réseau important en terme de taille ou de besoins en bande passante, un commutateur remplacera avantageusement le *hub*, car il permet de ne diffuser les paquets qu'aux ordinateurs concernés, alors que le *hub* envoie systématiquement les paquets à tous les ordinateurs connectés.

La structure d'un tel réseau ressemble à ceci :

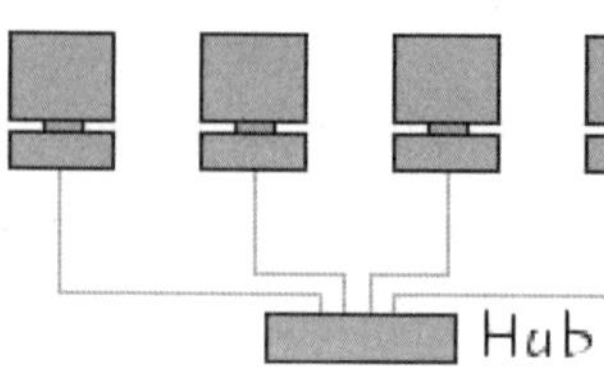

Si vous désirez connecter uniquement deux ordinateurs, il est possible de se passer du *hub*, en reliant directement les deux ordinateurs avec un câble RJ45 croisé.

Attention !

Les structures de réseau suivantes ne fonctionneront pas, même si elles semblent être correctes à première vue, à moins que les ordinateurs possèdent plusieurs interfaces réseaux (plusieurs cartes) et que les câbles utilisés entre deux ordinateurs soient des câbles croisés :

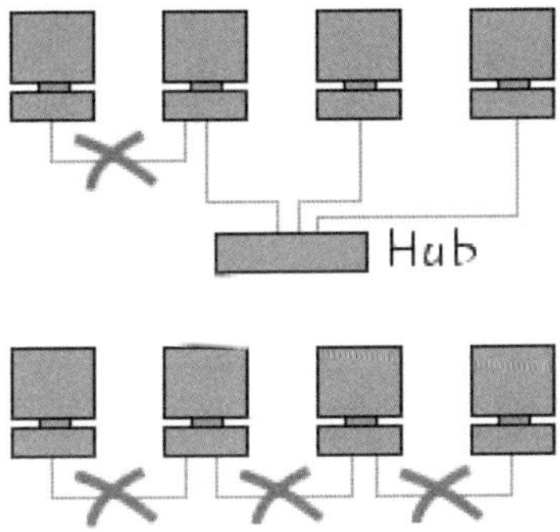

Mise en œuvre

Installation d'une carte réseau

Une **carte réseau** sert d'interface physique entre l'ordinateur et le câble. Elle prépare pour le câble réseau les données émises par l'ordinateur, les transfère vers un autre ordinateur et contrôle le flux de données entre l'ordinateur et le câble. Elle traduit aussi les données venant du câble et les traduit en octets afin que l'unité centrale de l'ordinateur les comprenne. Une carte réseau est une carte d'extension s'insérant dans un connecteur d'extensions (*slot*).

Pour permettre l'échange de données entre les ordinateurs, il est nécessaire d'installer dans chaque ordinateur susceptible de faire partie du réseau local une carte réseau. Nous allons utiliser pour la démonstration une carte réseau Ethernet **compatible NE2000** sous les systèmes Microsoft Windows.

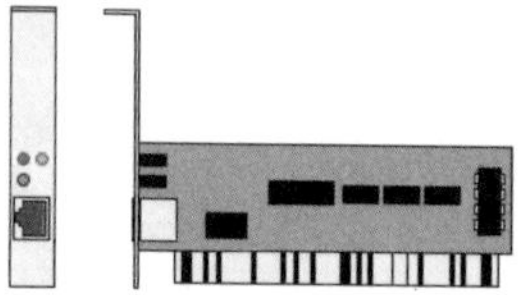

Installation matérielle

La première chose à faire est d'ouvrir votre ordinateur et d'insérer la carte réseau dans le connecteur d'extension.

Le **connecteur d'extension** (*slots*) est un connecteur rectangulaire dans lequel on enfiche le processeur verticalement. Il existe plusieurs sortes de connecteurs :

- Les **connecteurs ISA** fonctionnant en 16 bits. Peu d'ordinateurs récents possèdent encore ce type de connecteur car il s'agit d'un bus peu rapide.
- Les **connecteurs PCI** fonctionnant en 32 bits. Il s'agit du type de connecteur pour la plupart des cartes d'extension, à l'exception des cartes graphiques de dernière génération.
- Les **connecteurs PCI Express** fonctionnant en 32 bits. Il s'agit d'un bus très rapide réservé à la carte graphique, repérable par sa couleur brune.
- Les **connecteurs AGP** fonctionnant en 32 bits. Il s'agit d'un bus rapide réservé à la carte graphique, généralement repérable par sa couleur brune.

Il n'y a aucune crainte à avoir : il n'est pas possible de se tromper dans la mesure où chacun de ces types de cartes a un emplacement de taille différente.

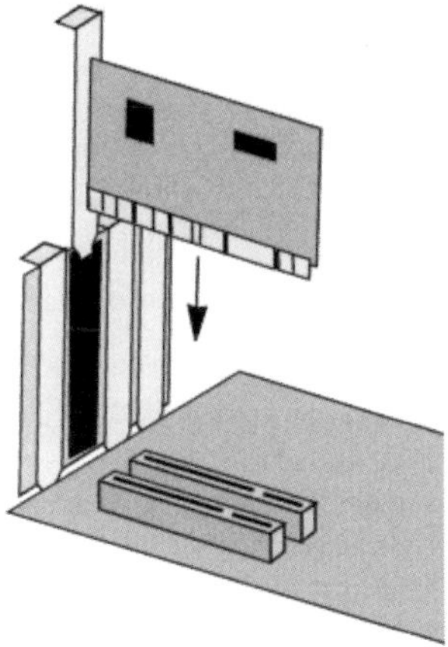

Pour installer une carte d'extension, il suffit de retirer le cache correspondant sur le boîtier, puis d'enficher l'arrière de la carte, de rabaisser doucement l'avant, enfin de la visser. Dans la mesure du possible, il est conseillé de laisser un emplacement de libre entre les cartes afin de leur permettre d'évacuer plus facilement la chaleur.

Installation des pilotes

Avant d'**installer les pilotes**, il est vivement conseillé de visiter le site du constructeur de l'adaptateur réseau afin de récupérer les dernières versions des pilotes, même dans le cas d'un matériel fraîchement acheté. En effet, les mises à jour majeures ont généralement lieu lors de la mise sur le marché des matériels. De plus, les pilotes présents dans l'emballage ont parfois plusieurs mois.

Pour l'installation d'une carte réseau ou d'un adaptateur réseau, il est nécessaire de se référer à la documentation fournie, car la procédure peut varier d'un constructeur à un autre. Certains constructeurs demandent par exemple de ne surtout pas brancher le périphérique avant d'avoir installé les pilotes.

En cas de problème d'installation, il est possible, et conseillé, de faire une recherche sur votre moteur de recherche favori avec comme mots-clés la marque et la référence du matériel plus un ou plusieurs mots-clés tels que « installation », « pilotes », et « windows ».

Si l'installation se déroule correctement, sous Windows XP, une fenêtre d'invite devrait apparaître pour vous demander de procéder à l'installation et un message d'avertissement peut éventuellement apparaître avec la mention suivante :

```
Le logiciel que vous êtres en train d'installer pour ce matériel:
********************


n'a pas été validé lors du test permettant d'obtenir le logo
Windows et vérifiant sa compatibilité avec Windows XP.
(Indiquez-moi pourquoi ce test est important.)

Continuer l'installation de ce logiciel peut mettre
en péril ou déstabiliser le bon fonctionnement
de votre système, maintenant ou dans l'avenir.
Microsoft recommande fortement que vous arrêtiez
cette installation maintenant et contactiez le fournisseur
du matériel pour obtenir le logiciel qui a été validé
lors du test permettant d'obtenir le logo Windows.
```

Cliquez sur *Continuer*. Une infobulle vous indiquant qu'un nouveau matériel a été installé et vous invitant à exécuter la configuration automatique devrait alors apparaître.

Installation des protocoles

Les **protocoles** sont les éléments logiciels qui vont permettre la communication entre les ordinateurs. Les principaux protocoles pour un réseau local sont les suivants :

- **TCP/IP** : le protocole utilisé sur Internet. Il vous sera nécessaire si vous décidez de relier votre réseau local à Internet.
- **IPX-SPX** : un protocole simple, utilisé parfois pour certains jeux vidéo.
- **Client pour réseaux Microsoft** : le protocole propriétaire de Microsoft, permettant notamment le partage de fichiers ou d'imprimantes.

Par défaut le système d'exploitation installe les protocoles courants, qui seront suffisants pour la quasi-totalité des utilisateurs. Sauf besoin spécifique, il n'est pas nécessaire de lire la suite de cette section.

Pour installer des protocoles spécifiques, ouvrez les propriétés de la connexion réseau souhaitée et cliquez sur *Installer*, puis choisissez *protocole* ou *services*.

Mise en réseau

Sous Windows 2000/XP

Pour **configurer** chaque ordinateur, il suffit d'aller dans le *Panneau de configuration*, puis de double-cliquer sur *Connexions réseau*, ensuite de cliquer avec le bouton droit sur *Connexion au réseau local*, puis de choisir *Propriétés* ! Dans la fenêtre de connexion au réseau local sont affichés les différents **protocoles** installés. Afin de pouvoir partager vos fichiers, jouer en réseau, utiliser vos imprimantes, il est nécessaire que les protocoles suivants soient installés :

- Client pour les réseaux Microsoft,
- Partage de fichier et d'imprimantes pour les réseaux Microsoft,
- Planificateur de paquets QoS,
- NetBIOS Nwlink,
- Protocole de transport compatible NWLink IPX/SPX/NetBIOS (pour les jeux anciens),
- Protocole Internet TCP/IP.

Si l'un de ces protocoles venait à manquer, cliquez sur *Installer...* et ajoutez-le.

Chaque ordinateur doit ensuite se voir affecter une **adresse** (adresse IP) afin de pouvoir communiquer. Pour cela il s'agit de sélectionner le *Protocole Internet TCP/IP* et de cliquer sur *Propriétés*.

L'attribution des adresses IP peut se faire automatiquement ou bien être définie manuellement, ce qui est préférable pour un petit réseau local. Communément nous donnerons ces adresses :

```
Ordinateur n°1
Adresse IP : 192.168.0.1
Masque de sous réseau : 255.255.255.0

Ordinateur n°2
Adresse IP : 192.168.0.2
Masque de sous réseau : 255.255.255.0

...

Ordinateur n°xxx
Adresse IP : 192.168.0.xxx
Masque de sous réseau : 255.255.255.0
```

Une fois l'adresse IP allouée, il suffit de fermer la fenêtre en cliquant sur *OK* (les DNS seront laissés en automatique).

Afin d'avoir un fonctionnement optimal, il est utile de vérifier que les ordinateurs du réseau appartiennent bien au même groupe de travail. Pour ceci, il suffit de faire un clic droit sur le poste de travail et de sélectionner P*ropriétés*. Dans l'onglet *Nom de l'ordinateur* apparaît le nom de l'ordinateur ainsi que le groupe de travail auquel il appartient. Pour modifier le groupe de travail, et affecter le même à tous les ordinateurs, il suffit de cliquer sur *ID réseau*.

L'étape suivante consiste à vérifier que les différents ordinateurs communiquent bien ensemble.

Faites un clic droit sur l'icône *Favoris réseau* de votre bureau puis cliquez sur *Explorer* (attention il y a une différence entre explorer et ouvrir !!!), cliquez sur *Tout le réseau*, puis sur le groupe de travail vous verrez ainsi les ordinateurs ainsi que tous les dossiers et fichiers qu'ils partagent.

Sous Windows 95/98/Me

Faites un clic droit de l'icône *Voisinage réseau* qui se trouve sur votre bureau et sélectionnez *Propriétés* ou bien, en l'absence d'une icône *Voisinage réseau* sur le bureau, allez dans le *Panneau de configuration* et cliquez sur *Réseau*. L'onglet *Configuration* affiche les différents protocoles et cartes réseau installés. Afin de pouvoir partager des fichiers, jouer en réseau, partager vos imprimantes, les protocoles suivants doivent être installés :

- Client pour les réseaux Microsoft,
- Le nom de votre carte réseau,
- Partage des fichiers et imprimantes pour les réseaux Microsoft,
- Protocole IPX/SPX,
- Protocole Internet TCP/IP.

Si l'un de ces protocoles venait à manquer, il suffit de cliquer sur *Installer...* et d'ajouter l'élément manquant.

La configuration des adresses IP de chaque ordinateur s'effectue en sélectionnant le *Protocole Internet TCP/IP*, puis en cliquant sur *Propriétés* pour ouvrir la fenêtre des *Propriétés TCP/IP*. L'attribution des adresses IP de chaque ordinateur peut se faire manuellement ou automatiquement. La méthode manuelle permet pour un réseau composé d'un petit nombre de machines de maîtriser le plan d'adressage de votre réseau ! Communément les adresses IP suivantes seront données :

```
PC n°1
Adresse IP : 192.168.0.1
Masque de sous réseau : 255.255.255.0

PC n°2
Adresse IP : 192.168.0.2
Masque de sous réseau : 255.255.255.0
```

Afin d'avoir un fonctionnement optimal, il est utile de vérifier que les ordinateurs du réseau appartiennent bien au même groupe de travail. Dans l'onglet *Identification* de votre fenêtre *Réseau* apparaît le nom de l'ordinateur ainsi que le groupe de travail auquel il appartient. Pour modifier le groupe de travail, et affecter le même à tous les ordinateurs, il suffit de cliquer sur *ID réseau*.

L'étape suivante consiste à vérifier que les ordinateurs communiquent bien ensemble. Faîtes un clic droit sur l'icône *Voisinage réseau* de votre bureau puis cliquez sur *Explorer* (attention il y a une différence entre explorer et ouvrir !!!), cliquez sur *Réseau*, puis sur le groupe de travail que vous avez créé et vous verrez les ordinateurs ainsi que tous les dossiers et fichiers qu'ils partagent.

Mise en place d'un réseau sans fil

Un **réseau sans fil** permet de connecter plusieurs appareils ou plusieurs ordinateurs en réseau, sans aucune connectique filaire. Grâce aux technologies de réseau sans fil, il est ainsi possible d'accéder à des ressources partagées, notamment à Internet, à partir de plusieurs lieux différents : on parle ainsi de **mobilité**.

Réseau WiFi

La **technologie WiFi** est la technologie de réseau local sans fil la plus usitée. Cette technologie permet de connecter des ordinateurs sur une distance d'environ une centaine de mètres à un débit partagé pouvant aller d'une dizaine de Mégabits par seconde (Mbps) à plusieurs dizaines de Mbps.

La technologie WiFi propose deux modes opérationnels :

- Le **mode ad-hoc** : un mode d'égal à égal permettant de relier entre eux des ordinateurs équipés d'adaptateurs sans fil ;
- Le **mode infrastructure** : un mode permettant de relier des ordinateurs à un réseau filaire par l'intermédiaire d'un équipement appelé point d'accès.

Mode ad-hoc

Si vous possédez deux ordinateurs ou plus équipés d'adaptateurs sans fil (cartes WiFi), il est possible de les relier très simplement en réseau en mettant en place un réseau dit « ad-hoc », c'est-à-dire un réseau d'égal à égal, sans utiliser de point d'accès.

Si un des ordinateurs du réseau ad-hoc possède une connexion à Internet, il est alors possible de la partager avec les autres ordinateurs du réseau, comme dans le cas d'un réseau local traditionnel.

Installation de l'adaptateur sans fil

Avant toute chose, il est nécessaire d'équiper toutes les machines du futur **réseau ad-hoc** d'un adaptateur sans fil et d'installer les pilotes. Une nouvelle icône apparaît dans la barre des tâches, indiquant la présence d'un adaptateur sans fil actif dans l'ordinateur :

Par défaut, Windows XP propose un utilitaire permettant de configurer les réseaux sans fil. L'utilitaire de configuration de réseau sans fil de Microsoft Windows XP désactive les outils de configuration des constructeurs. Pour désactiver l'outil de Windows XP, il suffit de cliquer sur *Démarrer /Paramètres/Connexions réseau*, puis de cliquer avec le bouton droit sur l'icône correspondant au réseau sans fil et de choisir *Propriétés*. Dans l'onglet *Configuration réseau sans fil* cocher ou décocher *Utiliser Windows pour configurer mon réseau sans fil*.

Cette manipulation consiste à activer ou désactiver le service de configuration automatique de réseaux sans fil de Windows XP. Une alternative consiste à aller dans le *Panneau de configuration/Outils d'administration/Services*, puis de démarrer ou arrêter le service *Configuration automatique sans fil*.

Attention !

L'ensemble des manipulations suivantes seront faites grâce à l'utilitaire de Windows XP (Service pack 2).

Configuration du réseau ad-hoc

La boîte de dialogue des propriétés de la connexion réseau sans fil (*Configuration réseaux sans fil*) présente les réseaux détectés par l'adaptateur sans fil et permet de les configurer. Afin de créer un **réseau ad-hoc**, il est nécessaire d'ajouter un nouveau réseau, repéré par un nom unique, le **SSID**. Pour ce faire, cliquez sur le bouton *Ajouter*. Une nouvelle boîte de dialogue s'ouvre alors.

Pour créer le réseau ad-hoc, il suffit, sur chacun des ordinateurs du futur réseau, de saisir le même SSID et de cocher la case *Ceci est un réseau d'égal à égal*. Les autres options servent à renforcer la sécurité. Dans un premier temps, laissez le réseau complètement ouvert (avec les options de la capture précédente), afin de ne pas multiplier les paramètres risquant d'empêcher la première mise en réseau.

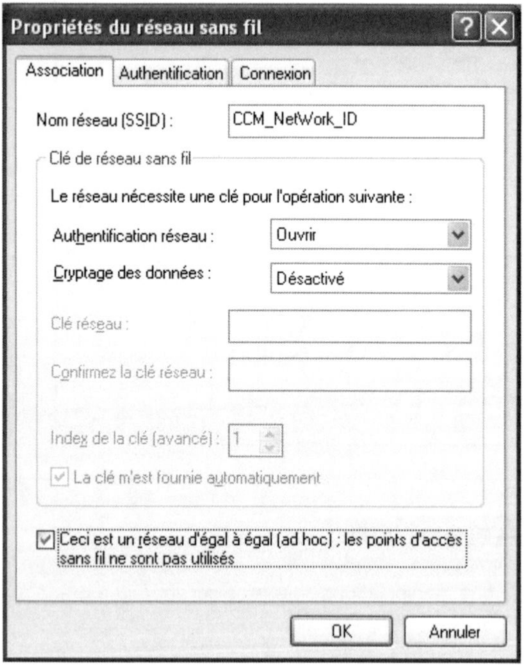

Dès lors, les machines du réseau ad-hoc devraient être en mesure d'être connectées ensemble.

Résolution des problèmes

Si l'icône de la barre des tâches possède une **petite croix**, cela signifie que l'ordinateur n'est pas connecté au réseau sans fil, voici les quelques points à vérifier :

- Dans la liste des réseaux sans fil disponibles (clic simple sur l'icône *Connexion réseau sans fil* de la barre des tâches), le

SSID du réseau ad-hoc doit apparaître. Un double-clic sur son nom permet de s'y connecter

- S'il n'apparaît pas, ouvrez les propriétés de la connexion réseau sans fil (*Configuration réseaux sans fil*), cliquez sur *Avancé* et vérifier que l'ordinateur n'est pas configuré sur *Réseaux avec point d'accès uniquement (infrastructure).*
- Si cela ne fonctionne toujours pas, veuillez désactiver temporairement vos pare-feu personnels (y compris le pare-feu de Windows XP), afin de réduire le nombre de causes d'échec possibles.

Configuration IP

Les étapes précédentes permettent de créer de la connectivité entre les machines. Néanmoins, pour pouvoir utiliser pleinement le réseau, il est nécessaire de définir un adressage IP pour les machines du réseau, et de mettre en place un certain nombre de services (serveur web, fichiers partagés, partage de connexion à Internet, etc.).

Pour un tel réseau, il est nécessaire d'utiliser une adresse IP privée. Il existe des plages d'adresses réservées à cet effet, en l'occurrence 192.168.0.1 à 192.168.0.255 sera suffisant (ou 192.168.1.1 à 192.168.1.255 si vous possédez déjà un réseau local avec l'adressage précédent).

Si l'un des ordinateurs du réseau ad-hoc possède un accès à Internet qu'il souhaite partager avec les autres ordinateurs du réseau, la coutume veut qu'il se nomme **192.168.0.1** (ou 192.168.1.1), mais il ne s'agit là que d'une convention. Les autres machines prendront les adresses dans la même plage d'adresse : 192.168.0.2, 192.168.0.3, etc.

Pour configurer la machine, il suffit de cliquer avec le bouton droit sur l'icône correspondant à la connexion réseau sans fil, puis de choisir *Propriétés*.

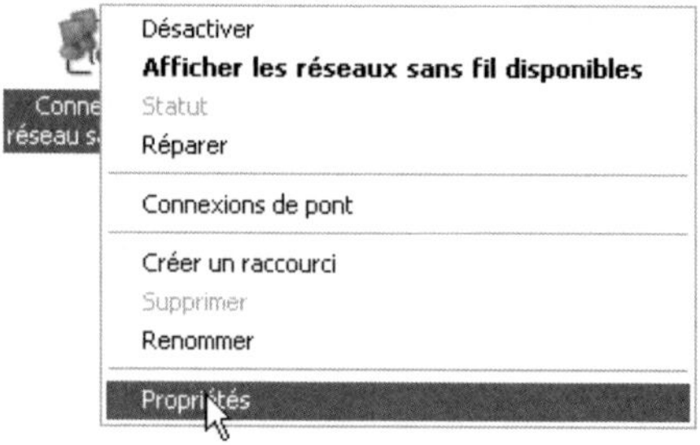

Puis, dans la liste des protocoles, sélectionnez *Protocole Internet (TCP/IP)* et cliquez sur *Propriétés*.

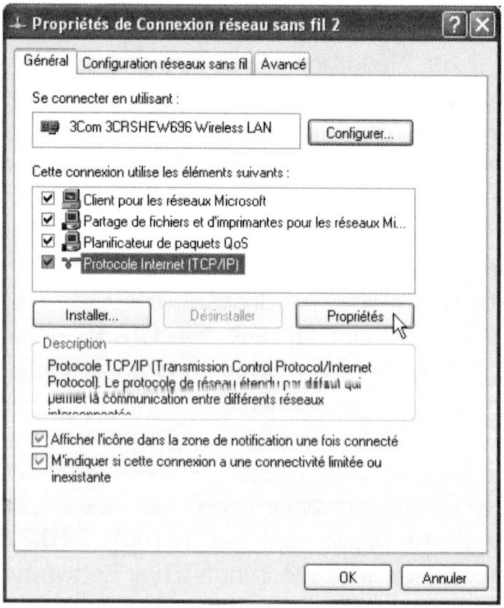

Renseignez ensuite l'adresse IP de chaque machine, en veillant à ne pas mettre deux fois la même adresse IP : 255.255.255.0 comme masque de sous-réseau et éventuellement l'adresse IP de la machine partageant son accès à Internet (passerelle par défaut, possédant par convention l'adresse 192.168.0.1).

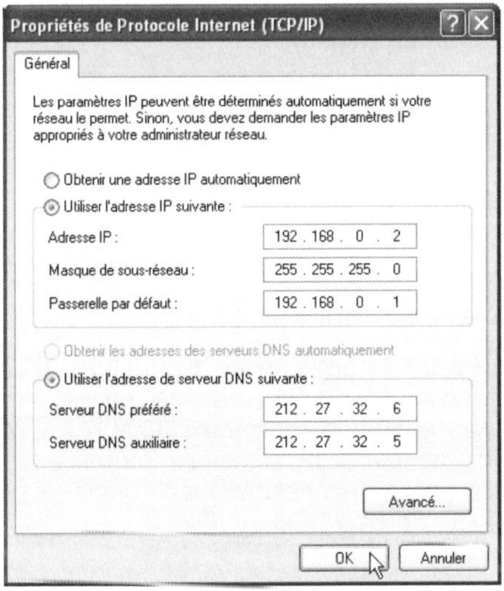

Dans les champs concernant le DNS, saisissez les adresses IP des serveurs de noms correspondant au fournisseur d'accès de la machine connectée à Internet. Pour les connaître, il suffit par exemple de saisir la commande suivante (*Démarrer/Exécuter*) sur la machine connectée à Internet :

```
cmd /k ipconfig /all
```

Il ne reste plus qu'à tester la connexion entre les machines du réseau ad-hoc.

Mode infrastructure

La mise en place d'un réseau WiFi en mode infrastructure est très similaire à celle d'un réseau WiFi d'égal à égal à ces quelques différences près :

- Un réseau WiFi en mode infrastructure nécessite un point d'accès, connecté ou non à un réseau local, voire à Internet dans le cas d'un routeur sans fil.
- L'association des machines clientes au réseau infrastructure est généralement plus simple.
- Si le réseau sans fil a pour but de permettre l'accès à Internet aux postes nomades, il n'est pas nécessaire de laisser un ordinateur allumé pour obtenir l'accès au réseau des réseaux.
- Les possibilités en terme de sécurité sont plus larges et plus robustes.

Configuration du point d'accès

Le **point d'accès** est l'élément matériel central d'un réseau WiFi en mode infrastructure : il permet de gérer l'association des machines clientes et de les relier au réseau local. Ainsi, un point d'accès possède en général un certain nombre de connecteurs permettant de le relier à un réseau local ou bien parfois à un ordinateur à l'aide d'un cordon USB.

L'interface de configuration peut varier d'un constructeur à un autre, néanmoins la plupart du temps les points d'accès possèdent une interface web locale, accessible à une adresse du type **http://192.168.1.1** (ou *http://192.168.***0***.1*).

Pour configurer le point d'accès sans fil, il suffit donc que celui-ci soit branché *a minima* à un ordinateur par une connexion filaire. Pour accéder à l'interface, il suffit de saisir l'adresse **http://192.168.1.1** dans un simple navigateur web. L'interface demande alors un nom d'utilisateur (*identifiant*) et un mot de passe. Il suffit de saisir l'identifiant et le mot de passe par défaut, mentionnés dans la documentation du point d'accès.

Attention !

Il est vivement recommandé de **modifier le mot de passe** par défaut, afin d'éviter un risque de piratage par un tiers. En effet, l'écran d'invite précise généralement le nom du modèle de point d'accès, ce qui rend très simple la tâche du pirate.

Configuration du réseau sans fil

Dans la section concernant le paramétrage du réseau sans fil, il suffit de choisir les paramètres du réseau et de saisir un identifiant SSID caractérisant le réseau sans fil.

De préférence choisissez un SSID caractéristique vous permettant d'identifier facilement votre réseau mais évitez d'y inclure des éléments d'informations personnelles (nom, prénom, adresse, etc.)

❑ DHCP

L'activation du service DHCP sur le point d'accès permet d'affecter automatiquement des adresses IP aux stations clientes. La plupart du temps il est possible de définir la plage des adresses attribuables, à l'aide d'une adresse de début, une adresse de fin et un masque de sous-réseau. Certains points d'accès permettent également d'effectuer une réservation d'adresse IP, afin que le point d'accès attribue automatiquement la même IP à une machine.

❑ Configuration des machines clientes

La configuration des machines clientes est très similaire à la configuration dans le cas d'un réseau d'égal à égal. Il suffit de cliquer avec le bouton droit sur l'icône de la connexion réseau sans fil et de choisir *Propriétés* ou bien de cliquer sur l'icône de la barre des tâches et de choisir *Propriétés*.

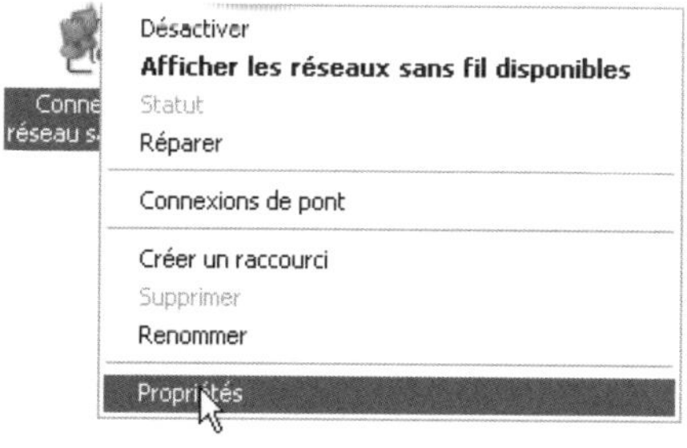

La boîte de dialogue des propriétés de la connexion réseau sans fil (*Configuration réseaux sans fil*) présente les réseaux détectés par l'adaptateur sans fil et permet de les configurer. Afin de se connecter au point d'accès, il suffit d'ajouter un nouveau réseau, repéré par un nom unique, le **SSID**. Pour ce faire, cliquez sur le bouton *Ajouter*. Une nouvelle boîte de dialogue s'ouvre alors.

Pour se connecter à un réseau en mode infrastructure (i.e avec un point d'accès), la case *Ceci est un réseau d'égal à égal* ne doit pas être cochée. Les autres options servent à renforcer la sécurité. Dans un premier temps, laissez le réseau complètement ouvert (avec les options de la capture précédente), afin de ne pas multiplier les paramètres risquant d'empêcher la première mise en réseau. Idéalement, si le point d'accès le permet, désactivez la diffusion du SSID (*SSID Broadcast*) afin de limiter sa visibilité à votre entourage.

Partage de fichiers

Le **partage de fichiers** consiste à rendre disponible à travers le réseau le contenu d'un ou plusieurs répertoires. Tous les systèmes Windows possèdent en standard des mécanismes permettant de mettre facilement en partage le contenu d'un répertoire. Néanmoins le partage de fichiers peut poser des problèmes de sécurité, car, par définition, il donne accès aux autres utilisateurs au contenu d'une partie du disque dur.

Ainsi, il est essentiel de ne partager que des répertoires dont la révélation du contenu (voire la destruction) ne revêt pas une importance capitale. En outre, il est fortement déconseillé de mettre en partage toute une partition du disque dur. Cette opération est **fortement déconseillée si vous n'avez pas confiance en les autres utilisateurs du réseau** !

Noms de machine

En premier lieu, il est nécessaire de donner un nom de machine explicite. Pour ce faire, il suffit d'aller dans *Panneau de configuration/Système*, puis dans l'onglet *Nom de l'ordinateur* et enfin sur *Modifier...*.

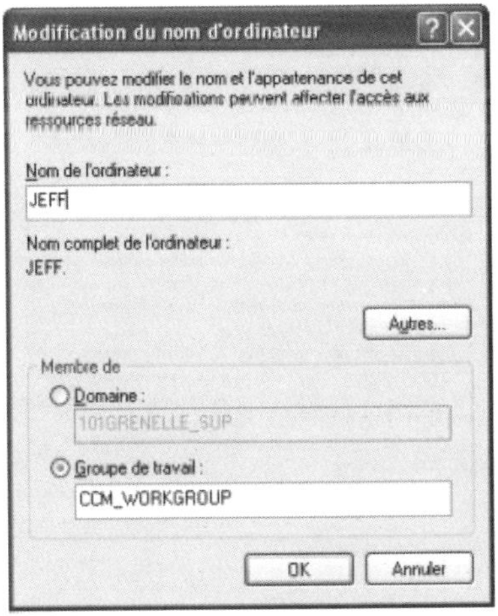

Attention !

Il est nécessaire d'avoir les privilèges d'administrateur pour effectuer cette opération.

Partage de fichiers simple

Le **partage de fichiers simple** est le mode de partage activé par défaut (et le seul mode disponible sous Windows XP Home, c'est-à-dire Windows XP édition familiale). Il permet de partager globalement, pour tout le groupe de travail, les fichiers d'un répertoire, sans aucune restriction ni aucun mot de passe.

Sa mise en œuvre est triviale. Il est toutefois nécessaire sous Windows XP Pro d'activer le partage de fichiers simple en ouvrant le poste de travail, puis *Outils/Options des dossiers.../Affichage*. En bas de la liste déroulante, veillez à ce que l'option *Utiliser le partage de fichiers simple (recommandé)* soit coché.

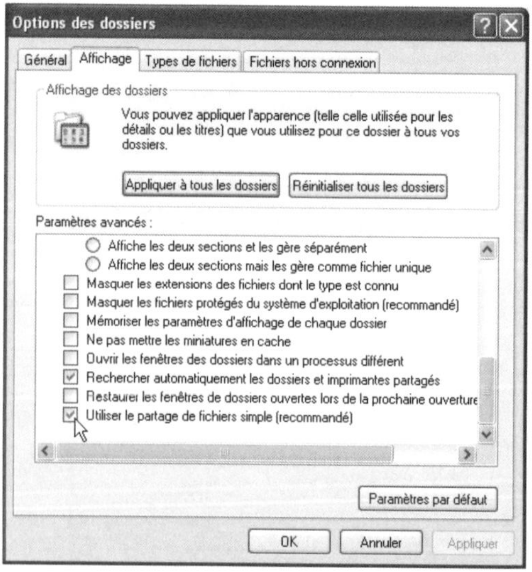

Pour partager un dossier, il suffit ensuite de cliquer avec le bouton droit sur le répertoire à partager, puis de se positionner sur l'onglet *Partage*.

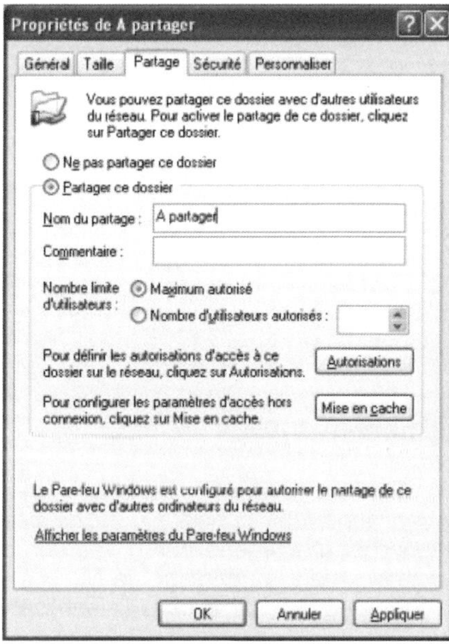

❏ Partages administratifs et partages cachés

Lorsque le nom d'une ressource partagée se termine par le caractère « $ », elle est alors cachée, c'est-à-dire qu'elle n'apparaît pas dans la liste des ressources.

Par défaut les systèmes Microsoft Windows possèdent des partages administratifs cachés afin de permettre à l'administrateur d'une machine d'accéder aux ressources de la machine à travers le réseau.

Les partages administratifs par défaut, accessibles uniquement aux administrateurs, sont les suivants :

- **C$** : accès à la partition ou au volume racine. Les autres partitions sont également accessibles par leur lettre, suivie du caractère « $ ».
- **ADMIN$** : accès au répertoire `%systemroot%`, permettant la gestion d'une machine sur le réseau.
- **IPC$** : permettant la communication entre les processus réseau.
- **PRINT$** : accès à distance aux imprimantes.

Pour visualiser et gérer les partages administratifs de l'ordinateur, il suffit d'aller dans *Panneau de configuration/Outils d'administration/Gestion de l'ordinateur/Dossiers partagés/Partages*. Une alternative consiste à cliquer avec le bouton droit sur le poste de travail et sélectionner *Gérer*.

Partage de fichiers avancé

Le **partage de fichiers avancé**, disponible uniquement sous Windows XP Pro et supérieur, consiste à définir des autorisations d'accès aux ressources partagées par utilisateur ou par groupe d'utilisateurs. Contrairement au partage de fichiers simple, l'accès aux ressources partagées se fait suite à l'identification des utilisateurs.

Pour mettre en place le partage de fichiers avancé, il est nécessaire, dans un premier temps, de désactiver le partage de fichiers simple en ouvrant le poste de travail, puis *Outils/Options des dossiers.../Affichage*. En bas de la liste déroulante, veillez à ce que l'option *Utiliser le partage de fichiers simple (recommandé)* soit décochée.

Dans un second temps, il est nécessaire de créer autant de comptes utilisateurs que nécessaire. Pour créer des comptes utilisateurs, il suffit de cliquer sur *Comptes utilisateurs* dans le panneau de configuration, puis sur *Ajouter*. Si un compte identique (avec le même mot de passe) existe sur la machine distante, utilisée par l'utilisateur, il n'aura pas besoin de saisir son mot de passe pour l'accès au partage.

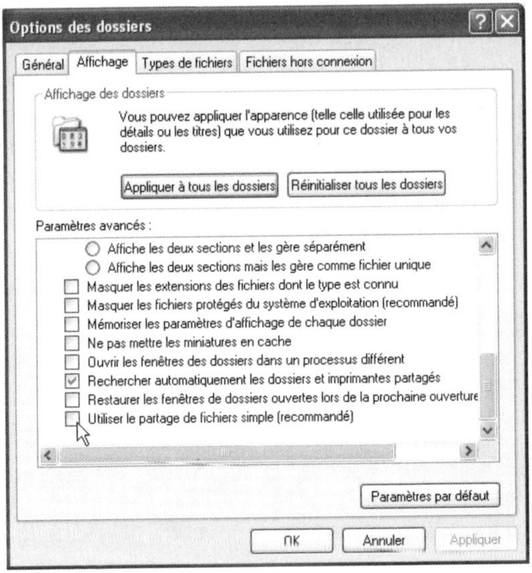
Options des dossiers
Général
Affichage
Types de fichiers
Fichiers hors connexion
Affichage des dossiers
Vous pouvez appliquer l'apparence (telle celle utilisée pour les détails ou les titres) que vous utilisez pour ce dossier à tous vos dossiers.
Appliquer à tous les dossiers
Réinitialiser tous les dossiers
Paramètres avancés :
Affiche les deux sections et les gère séparément
Affiche les deux sections mais les gère comme fichier unique
Masquer les extensions des fichiers dont le type est connu
Masquer les fichiers protégés du système d'exploitation (recommandé)
Mémoriser les paramètres d'affichage de chaque dossier
Ne pas mettre les miniatures en cache
Ouvrir les fenêtres des dossiers dans un processus différent
Rechercher automatiquement les dossiers et imprimantes partagés
Restaurer les fenêtres de dossiers ouvertes lors de la prochaine ouverture
Utiliser le partage de fichiers simple (recommandé)
Paramètres par défaut
OK
Annuler
Appliquer

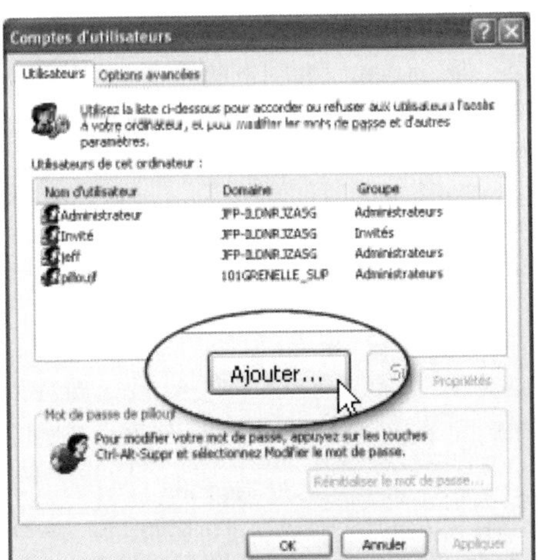
Comptes d'utilisateurs
Utilisateurs
Options avancées
Utilisateurs de cet ordinateur :
Nom d'utilisateur
Domaine
Groupe
Administrateur
Invité
jeff
pillouf
Administrateurs
Invités
Ajouter...
Propriétés
Mot de passe de pillouf
Pour modifier votre mot de passe, appuyez sur les touches Ctrl-Alt-Suppr et sélectionnez Modifier le mot de passe.
Réinitialiser le mot de passe...
OK
Annuler
Appliquer

Lors du partage d'une ressource (clic avec le bouton droit, puis *Partage et sécurité*), il suffit de cliquer sur le bouton *Autorisations*.

Afin de restreindre l'accès à la ressource partagée, il est nécessaire de supprimer l'accès à *Tout le monde*, puis de donner l'accès aux seuls utilisateurs autorisés. Éventuellement un accès anonyme peut être créé grâce au compte *Invité*.

Utiliser une ressource partagée

Pour utiliser un dossier partagé, il existe deux méthodes :

- L'utilisation directe de la ressource grâce à son adresse. L'adresse d'une ressource partagée est sous la forme suivante :

  ```
  \\ordinateur\nom_du_partage
  ```

  - `ordinateur` représente le nom de l'ordinateur ou son adresse IP.
  - `nom_du_partage` correspond au nom donné à la ressource partagée.
- La connexion d'un lecteur réseau, permettant de lier la ressource partagée à une lettre de lecteur virtuel. Pour connecter un lecteur réseau, il suffit d'ouvrir l'explorateur de fichiers *Démarrer/Exécuter/Explorer*, puis dans le menu *Outils*, sélectionnez *Connecter un lecteur réseau...*. Choisir une lettre de lecteur disponible et renseigner le nom du dossier.

Diagnostics

Si l'accès aux ressources partagées ne fonctionne pas, la cause peut être une des suivantes :

- La connexion réseau entre les machines est incorrecte. Veuillez diagnostiquer le réseau.
- Les utilisateurs n'appartiennent pas au même domaine.
- Les ordinateurs du réseau local doivent posséder le même masque de sous-réseau. Il est possible de le vérifier simplement grâce à la commande ipconfig.
- Un pare-feu (ou antivirus) sur l'ordinateur partageant la ressource, sur l'ordinateur accédant à la ressource ou sur le

réseau empêche l'accès. Veuillez vérifier les réglages du pare-feu, éventuellement désactivez temporairement le pare-feu pour diagnostiquer si le problème est lié.

- Le nombre d'utilisateurs maximal est 5 sous Windows XP familial et 10 sous Windows XP professionnel[1].
- Un caractère spécial (tel qu'un espace) dans le nom d'une ressource partagée peut empêcher l'accès pour des systèmes d'exploitation plus anciens.
- Les droits du système de fichiers NTFS peuvent interférer avec les droits du partage car les interdictions ont priorité sur les autorisations.

Mise en place d'un VPN sous Windows XP

La mise en place d'un **réseau privé virtuel** permet de connecter de façon sécurisée des ordinateurs distants au travers d'une liaison non fiable (Internet), comme s'ils étaient sur le même réseau local.

Ce procédé est utilisé par de nombreuses entreprises afin de permettre à leurs utilisateurs de se connecter au réseau d'entreprise hors de leur lieu de travail. On peut facilement imaginer un grand nombre d'applications possibles :

- Accès au réseau local (d'entreprise) à distance et de façon sécurisée pour les travailleurs nomades.
- Partage de fichiers sécurisés.
- Jeu en réseau local avec des machines distantes...

Windows XP permet de gérer nativement des réseaux privés virtuels de petite taille, convenant pour des réseaux de petites entreprises ou familiaux (appelés SOHO, *Small Office/Home Office*). Ainsi pour mettre en place un réseau privé virtuel il suffit d'installer au niveau du réseau local un serveur d'accès distant

1. Limite du nombre de connexions d'entrée dans Windows XP - Article F314882 de la base de connaissance Microsoft : *http://support.microsoft.com/default.aspx?kbid=314882*

(serveur VPN) accessible depuis Internet et de paramétrer chaque client pour lui permettre de s'y connecter.

Installation du serveur VPN

Dans notre exemple nous admettrons que la machine destinée à faire office de serveur VPN sur le réseau local possède deux interfaces ; une vers le réseau local (une carte réseau par exemple) et une vers Internet (une connexion ADSL ou une connexion par câble par exemple). C'est *via* son interface connectée à Internet que les clients VPN se connecteront au réseau local.

Afin de permettre à cette machine de gérer des réseaux privés virtuels, il suffit d'ouvrir l'élément *Connexions réseau* (*Network Connection*) dans le *Panneau de configuration*. Dans la fenêtre ainsi ouverte, double-cliquez sur *Assistant de nouvelle connexion* (*New connection wizard*).

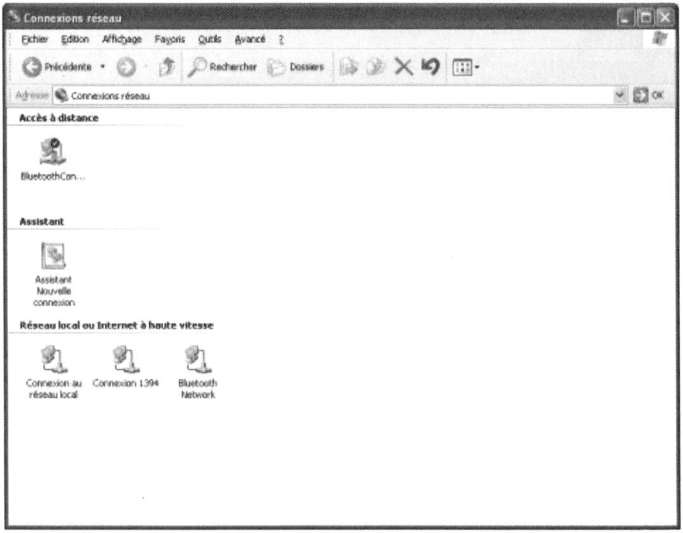

Appuyez ensuite sur la touche *Suivant*.

Parmi les trois choix proposés dans la fenêtre, sélectionnez *Configurer une connexion avancée*.

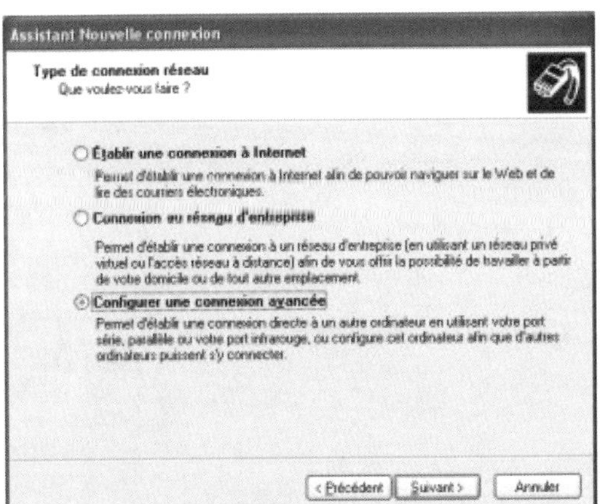

Dans l'écran suivant sélectionnez *Accepter les connexions entrantes*.

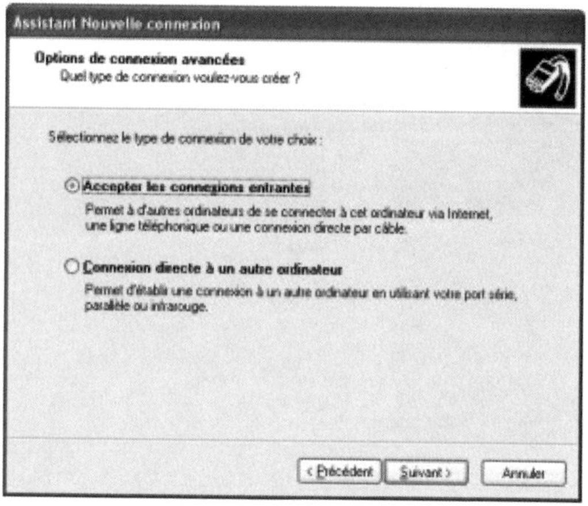

L'écran suivant présente des périphériques à sélectionner pour une connexion directe. Il se peut qu'aucun périphérique ne soit proposé. Sauf besoin particulier vous n'aurez pas besoin d'en sélectionner.

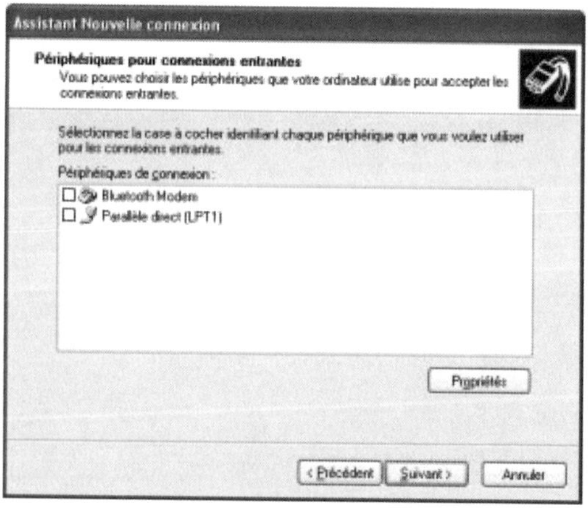

Dans la fenêtre suivante sélectionnez *Autoriser les connexions privées virtuelles*.

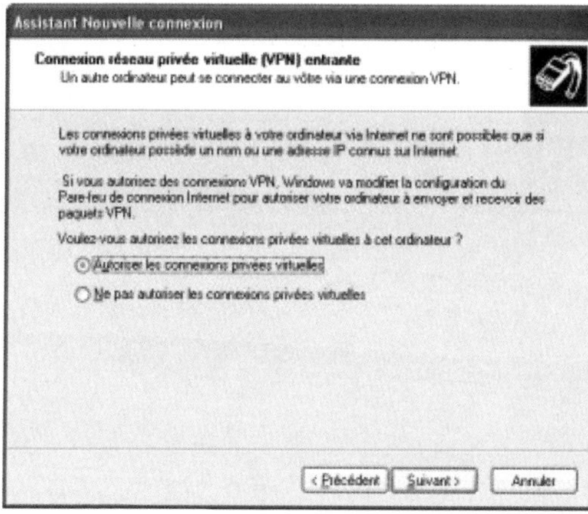

Une liste des utilisateurs du système apparaît, il suffit de sélectionner ou ajouter les utilisateurs autorisés à se connecter au serveur VPN.

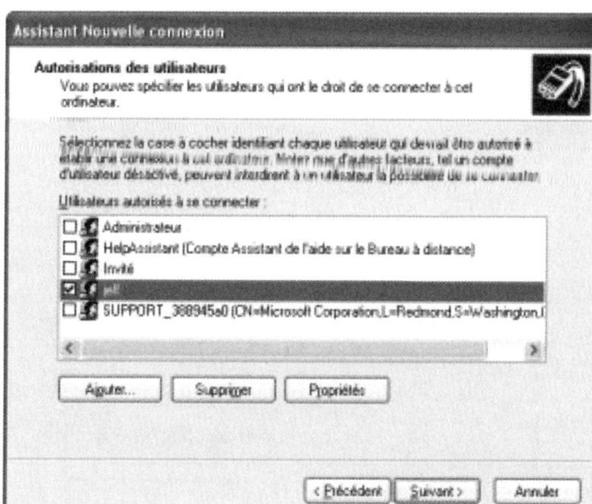

Sélectionnez ensuite la liste des protocoles autorisés *via* le VPN.

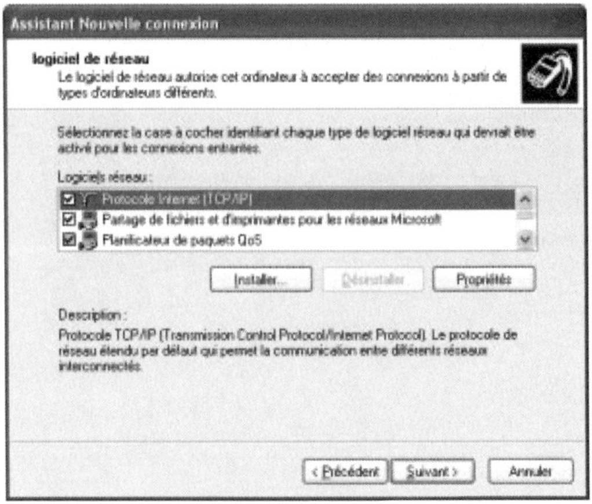

Un clic sur le bouton *Propriétés* associé au protocole TCP/IP permet de définir les adresses IP que le serveur affecte au client pour toute la durée de la session. Si le réseau local sur lequel se trouve le serveur ne possède pas d'adressage spécifique vous pouvez laisser le serveur déterminer automatiquement une adresse IP. Par contre si le réseau possède un plan d'adressage spécifique vous pouvez définir la plage d'adresse à affecter.

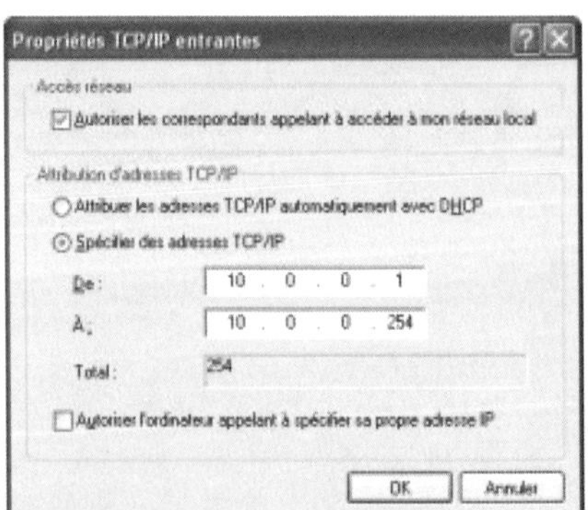

La configuration du serveur VPN est désormais achevée, vous pouvez cliquer sur le bouton *Terminer*.

Installation du client VPN

Afin de permettre à un **client** de se connecter à votre serveur VPN, il est nécessaire de définir tous les paramètres de connexion (adresse du serveur, protocoles à utiliser...). L'assistant de nouvelle connexion disponible à partir de l'icône *Connexions réseau* du panneau de configuration permet cette configuration.

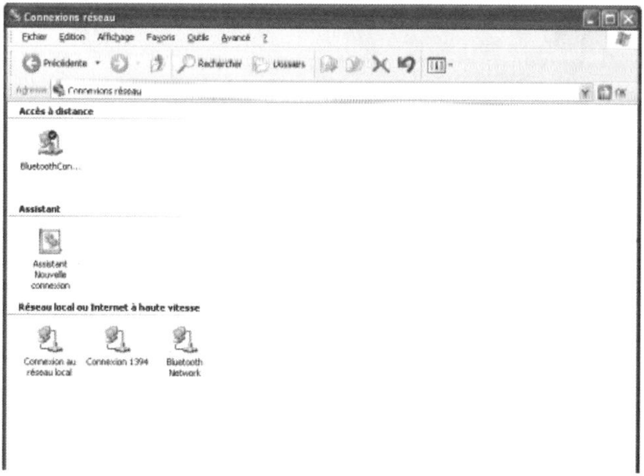

Appuyez ensuite sur la touche *Suivant*.

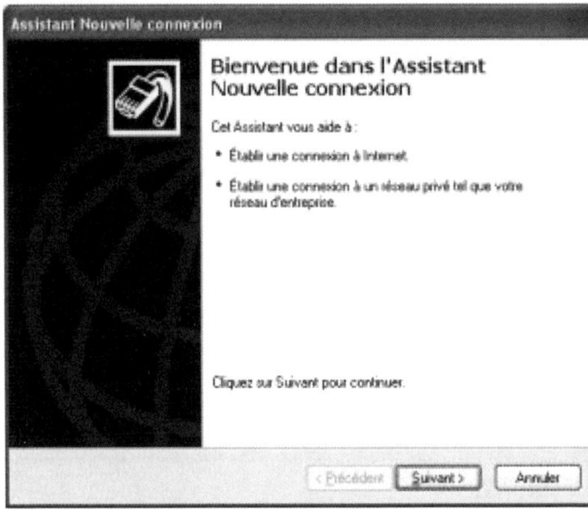

Parmi les trois choix proposés dans la fenêtre, sélectionnez *Connexion au réseau d'entreprise*.

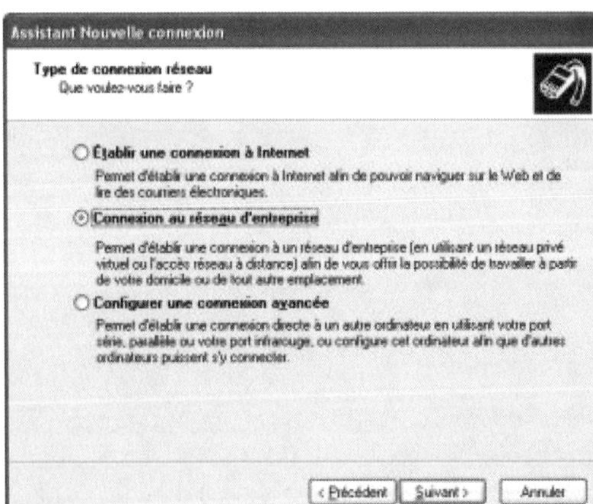

Dans l'écran suivant sélectionnez *Connexion réseau privé virtuel*.

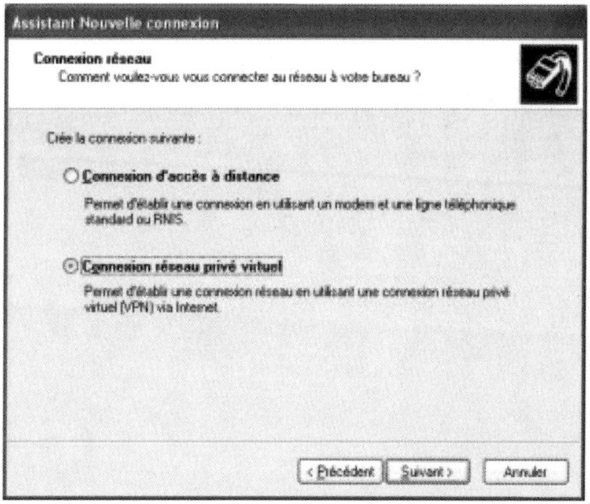

Entrez ensuite un nom décrivant au mieux le nom du réseau privé virtuel auquel vous souhaitez vous connecter.

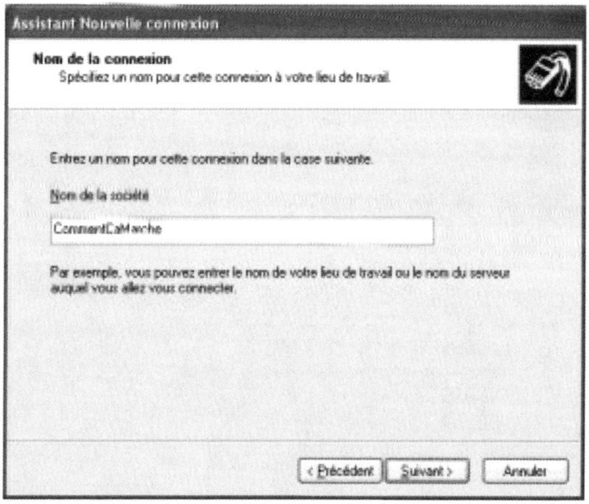

L'écran suivant permet d'indiquer si une connexion doit être établie préalablement à la connexion au réseau privé virtuel. La plupart du temps (si vous êtes sur une connexion permanente, un accès ADSL ou câble) il ne sera pas nécessaire d'établir la connexion puisque l'ordinateur est déjà connecté à Internet, dans le cas contraire sélectionnez la connexion à établir dans la liste.

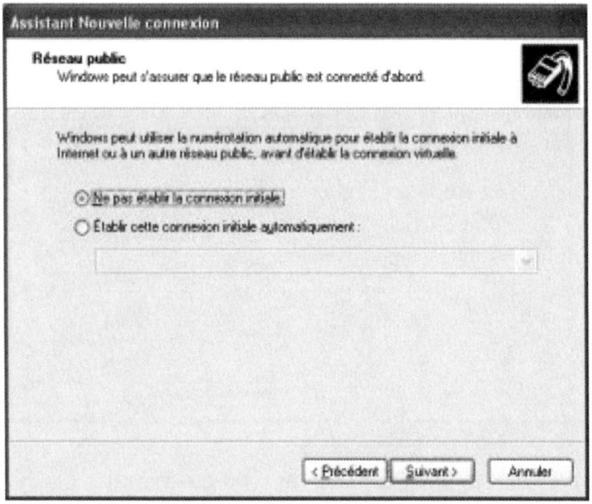

Afin d'accéder au serveur d'accès distant (serveur VPN ou hôte) il est indispensable de spécifier son adresse (adresse IP ou nom d'hôte). Si celui-ci ne possède pas une adresse IP fixe, il sera nécessaire de l'équiper d'un dispositif de nommage dynamique (*DynDNS*) capable de lui affecter un nom de domaine et de spécifier ce nom dans le champ ci-dessous :

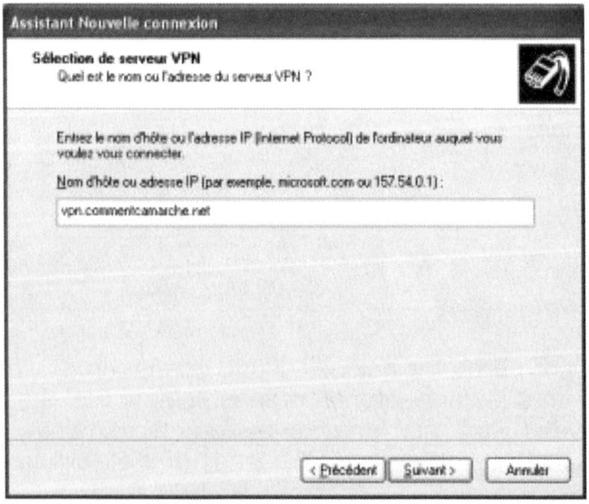

Une fois la définition de la connexion VPN terminée, une fenêtre de connexion demandant un nom d'utilisateur (*login*) et un mot de passe s'ouvre à vous.

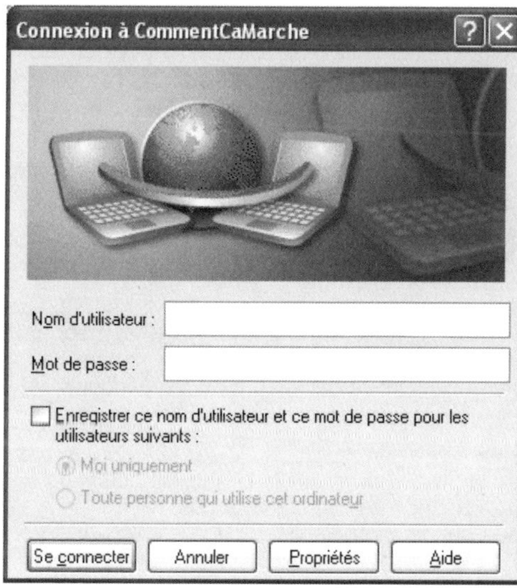

Avant de se connecter il est nécessaire de procéder à quelques réglages en cliquant sur le bouton *Propriétés* en bas de fenêtre. Une fenêtre comportant un certain nombre d'onglets permet ainsi de paramétrer plus finement la connexion. Dans l'onglet *Gestion de réseau* sélectionnez le protocole PPTP dans la liste déroulante, sélectionnez le *protocole Internet* (TCP/IP) et cliquez sur *Propriétés*.

La fenêtre s'affichant permet de définir l'adresse IP que la machine cliente aura lors de la connexion au serveur d'accès distant. Cela permet d'avoir un adressage cohérent avec l'adressage distant. Ainsi le serveur VPN est capable de faire office de serveur DHCP, c'est-à-dire de fournir automatiquement une adresse valide au client VPN. Pour ce faire il suffit de sélectionner l'option *Obtenir une adresse automatiquement.*

Dans le cas où le client utilise le DHCP, si le serveur affecte une adresse IP interne, le client sera connecté au réseau d'entreprise et bénéficiera des services de celui-ci mais n'aura plus accès à Internet *via* l'interface utilisée car l'adresse IP n'est pas routable. Afin de permettre au client d'être connecté au VPN tout en ayant accès à Internet à travers cette connexion il faut que le serveur VPN soit configuré de telle manière à partager sa connexion à Internet ! Ainsi le bouton *Avancé* permet de faire en sorte que le client utilise la passerelle du serveur VPN **dans le cas où ce dernier partage sa connexion**.

Attention !

Afin de pouvoir mettre en place la liaison VPN, il est nécessaire que les firewalls intermédiaires, notamment le pare-feu natif de XP, soient configurés de manière à laisser s'établir la connexion. Ainsi, il est nécessaire de désactiver le pare-feu natif de Windows XP de la façon suivante :

- Dans le panneau de configuration cliquez sur *Connexions réseau*.
- Cliquez avec le bouton droit sur la connexion que vous utilisez.
- Sélectionnez l'onglet *Paramètres avancés*.
- Assurez-vous que l'option *Pare-feu de connexion Internet* est désactivée.

Pour en savoir plus

Pour plus d'informations sur les réseaux privés virtuels, n'hésitez pas à consulter la page dédiée à ce sujet sur CCM :
http://www.commentcamarche.net/initiation/vpn.php3

Pour toute question, vous pouvez utiliser le forum de CCM :
http://www.commentcamarche.net/forum/

Chapitre 13

Outils

Les réseaux informatiques sont par nature complexes car leur administration demande des compétences sur un grand nombre de domaines. Par ailleurs la multiplicité des protocoles, des systèmes d'exploitation et des équipements rend leur gestion compliquée.

Ainsi la plupart des systèmes d'exploitation proposent des **outils d'administration réseau** rudimentaires permettant d'effectuer les quelques tests indispensables lors de la mise en réseau d'une nouvelle machine ou lors d'une panne globale du réseau, permettant de déterminer d'où proviennent les éventuels problèmes.

ipconfig

Avant toute chose, il est recommandé de vérifier la **configuration IP** de l'ordinateur. Les systèmes Windows proposent un outil en ligne de commande, appelé `ipconfig` permettant de connaître la configuration IP de l'ordinateur. La sortie de cette commande donne la configuration IP pour chaque interface, ainsi un ordinateur possédant deux cartes réseau et un adaptateur sans fil possède trois interfaces possédant chacun leur propre configuration.

Pour visualiser la configuration IP de votre ordinateur, il suffit de saisir la commande suivante (*Démarrer/Exécuter*) :

```
cmd /k ipconfig /all
```

La sortie d'une telle commande ressemble à ceci :

```
Configuration IP de Windows

        Nom de l'hôte . . . . . . . . . . . . : CCM
        Suffixe DNS principal . . . . . . :
        Type de nœud . . . . . . . . . . . : Diffusion
        Routage IP activé . . . . . . . . : Non
        Proxy WINS activé . . . . . . . . : Non

Carte Ethernet Connexion réseau sans fil:
        Suffixe DNS propre à la connexion :
       Description . . . . . . . . . . . : Intel(R) PRO/Wireless
                                 LAN 2100 3A Mini PCI Adapter
        Adresse physique . . . . . . . . .: 00-0C-F1-54-D5-2C
        DHCP activé. . . . . . . . . . . : Non
        Adresse IP. . . . . . . . . . . . : 192.168.1.3
        Masque de sous-réseau . . . . . . : 255.255.255.0
        Passerelle par défaut . . . . . . : 192.168.1.1
        Serveurs DNS . . . . . . . . . .  : 193.19.219.210
                                                 193.19.219.211

Carte Ethernet Connexion au réseau local:
        Statut du média . . . . . . . . . : Média déconnecté
       Description . . . . . . . . . . . : Broadcom 570x Gigabit
                                       Integrated Controller
        Adresse physique . . . . . . . . .: 0F-0F-1F-CB-99-87
```

La sortie précédente indique que l'ordinateur possède deux interfaces réseau, dont une sans fil. Le nom de la machine sur le réseau est **CCM**. L'interface Ethernet reliée au réseau local (carte réseau) n'est pas active car le câble est débranché, en revanche l'adaptateur sans fil est configuré.

Les machines d'un même réseau doivent utiliser une même plage d'adresses (avec des adresses différentes) et un même masque réseau. Dans le cas d'un réseau local, reliant des machines n'ayant pas d'adresses IP routables, des plages d'adresses dites privées doivent être utilisées.

La passerelle par défaut désigne, le cas échéant, l'adresse IP de la machine offrant un accès à Internet.

À savoir

Les serveurs DNS doivent correspondre aux serveurs DNS de l'organisation, la plupart du temps il s'agit des serveurs DNS du fournisseur d'accès.

Nslookup

Nslookup (*Name System Look Up*) est un outil permettant d'interroger un serveur de noms afin d'obtenir les informations concernant un domaine ou un hôte et permet ainsi de diagnostiquer les éventuels problèmes de configuration du DNS.

Invoquée sans argument, la commande `nslookup` affiche le nom et l'adresse IP du serveur de noms primaire et affiche une invite de commande pour l'interrogation. Il suffit de taper le nom d'un domaine à l'invite afin d'en afficher les caractéristiques. Il est également possible de demander les informations sur un hôte en indiquant son nom à la suite de la commande `nslookup` :

```
nslookup host.name
```

Il est aussi possible d'interroger un serveur de noms spécifique en le spécifiant avec la suite de la commande précédée du signe « - » :

```
nslookup host.name -serveur.de.nom
```

Le mode d'interrogation de la commande `nslookup` est modifiable grâce à la clause `set` :

- `set type=mx` permet de recueillir les informations concernant le ou les serveurs de messagerie d'un domaine.
- `set type=ns` permet de recueillir les informations concernant le serveur de noms associé au domaine.
- `set type=a` permet de recueillir les informations concernant un hôte du réseau. Il s'agit du mode d'interrogation par défaut.
- `set type=soa` permet d'afficher les informations du champ SOA (*Start Of Authority*).

- `set type=cname` permet d'afficher les informations concernant les alias.
- `set type=hinfo` permet, lorsque ces données sont renseignées, d'afficher les informations concernant le matériel et le système d'exploitation de l'hôte.

Pour sortir de la commande `nslookup`, il suffit de taper `exit`.

Whois

Whois (littéralement q*ui est ?*) est un outil permettant d'interroger des bases d'informations (*registres*) concernant les noms de domaines et d'adresses IP. Les données contenues dans ces bases ne comportent aucune forme de garantie mais permettent généralement de retrouver le propriétaire d'un domaine ou d'une machine, notamment en cas de litige.

Le service Whois a ainsi deux principaux objectifs :

- Obtenir des informations sur le propriétaire d'un nom de domaine (contact administratif, technique et éventuellement de facturation) et sur les serveurs de noms associés au domaine.
- Obtenir des informations sur l'attribution des plages d'adresses IP.

Des outils en ligne de commande existent sous certains systèmes d'exploitation, notamment sous les systèmes Unix (par exemple Linux ou Mac OS X), la syntaxe de la commande est alors la suivante :

```
whois nom_de_domaine_ou_adresse_ip
```

Cette commande possède généralement un grand nombre de paramètres, dépendant du système d'exploitation. Pour les connaître il suffit de saisir :

```
whois --help
```

Il existe également des services d'interrogation *Whois* en ligne pour quasiment toutes les extensions, la plupart du temps accessibles par l'adresse http://**whois.nic.*extension***, où *extension* représente la dernière partie du nom de domaine.

Les informations administratives concernant les **adresses IP** sont répertoriées par les organismes suivants (source : IANA) :

- RIPE NCC (Réseaux IP européens, whois.ripe.net) pour l'Europe.
- APNIC (*Asia Pacific Network Information Centre*), *whois.apnic.net* pour l'Asie et le Pacifique.
- ARIN (*American Registry for Internet Numbers, whois.arin.net*) pour l'Amérique du Nord et l'Afrique Sub-Saharienne.
- LACNIC (*Regional Latin-American and Caribbean IP Address Registry, whois.lacnic.net*) pour l'Amérique latine et les Caraïbes.
- INTERNIC (*whois.internic.net*) pour les autres parties du globe.

Le premier octet de l'adresse IP permet de déterminer à quelle zone appartient l'adresse (cf. *www.iana.org/assignments/ipv4-address-space*).

PING

PING (*Packet INternet Groper*) est sans nul doute l'un des outils d'administration de réseau le plus connu. Il s'agit pourtant de l'un des outils les plus simples puisqu'il permet, grâce à l'envoi de paquets, de vérifier si une machine distante répond et, par extension, qu'elle est accessible par le réseau. L'outil PING permet ainsi de diagnostiquer la connectivité réseau grâce à une commande du type :

```
ping nom.de.la.machine
```

`nom.de.la.machine` représente l'adresse IP de la machine ou bien son nom. Il est généralement préférable dans un premier temps de tester avec l'adresse IP de la machine.

Fonctionnement

PING s'appuie sur le protocole ICMP, permettant de **diagnostiquer** les conditions de transmissions. Il utilise ainsi deux types de messages du protocole (sur les 18 proposés par ICMP) :

- Le type 0 correspondant à une commande `echo request`, émis par la machine source.
- Le type 8 correspondant à une commande `echo reply`, émis par la machine cible.

À intervalles réguliers (par défaut chaque seconde), la machine source (celle sur laquelle la commande `ping` est exécutée) envoie une commande `echo request` à la machine cible. Dès réception du paquet `echo reply`, la machine source affiche une ligne contenant un certain nombre d'informations. En cas de non réception de la réponse, une ligne indiquant `délai dépassé` s'affichera.

Résultat

Suivant le système d'exploitation, l'affichage de la sortie d'une commande `ping` pourra être légèrement différent.

Voici le résultat d'une telle commande sous un système GNU/Linux :

```
ping www.commentcamarche.fr
PING www.commentcamarche.fr (163.5.255.85): 56 data bytes
64 bytes from 163.5.255.85: icmp_seq=0 ttl=56 time=7.7 ms
64 bytes from 163.5.255.85: icmp_seq=1 ttl=56 time=6.0 ms
64 bytes from 163.5.255.85: icmp_seq=2 ttl=56 time=5.5 ms
64 bytes from 163.5.255.85: icmp_seq=3 ttl=56 time=6.0 ms
64 bytes from 163.5.255.85: icmp_seq=4 ttl=56 time=5.3 ms
64 bytes from 163.5.255.85: icmp_seq=5 ttl=56 time=5.6 ms
64 bytes from 163.5.255.85: icmp_seq=6 ttl=56 time=7.0 ms
64 bytes from 163.5.255.85: icmp_seq=7 ttl=56 time=6.0 ms

--- www.commentcamarche.fr ping statistics ---
8 packets transmitted, 8 packets received, 0% packet loss
round-trip min/avg/max = 5.3/6.1/7.7 ms
```

Voici le résultat d'une telle commande sous un système Windows :

```
ping www.commentcamarche.fr
Envoi d'une requête 'ping' sur www.commentcamarche.fr
[163.5.255.85] avec 32 octets de données:
Réponse de 163.5.255.85 : octets=32 temps=34 ms TTL=54
Réponse de 163.5.255.85 : octets=32 temps=37 ms TTL=54
Réponse de 163.5.255.85 : octets=32 temps=32 ms TTL=54
Réponse de 163.5.255.85 : octets=32 temps=33 ms TTL=54
```

```
Statistiques Ping pour 163.5.255.85:
    Paquets : envoyés = 4, reçus = 4, perdus = 0 (perte 0%),
Durée approximative des boucles en millisecondes :
    Minimum = 32ms, Maximum = 37ms, Moyenne = 34ms
```

La sortie de la commande `ping` permet ainsi de connaître :

- L'**adresse IP** correspondant au nom de la machine distante.
- Le **numéro de séquence** ICMP.
- La **durée de vie** du paquet (TTL, *Time To Live*). Le champ de durée de vie (TTL) permet de connaître le nombre de routeurs traversés par le paquet lors de l'échange entre les deux machines. Chaque paquet IP possède un champ TTL positionné à une valeur relativement grande. À chaque passage d'un routeur, le champ est décrémenté. S'il arrive que le champ arrive à zéro, le routeur interprétera que le paquet tourne en boucle et le détruira.
- Le **temps de propagation en boucle** (*round-trip delay*) correspondant à la durée en millisecondes d'un aller-retour entre la machine source et la machine cible. Un paquet doit en règle générale posséder un temps de propagation inférieur à 200 ms.
- Le nombre de **paquets perdus**.

Tester la connectivité

Pour **tester le réseau en profondeur**, il suffit d'ouvrir une fenêtre de ligne de commande, puis d'effectuer successivement les étapes suivantes :

- `ping` sur l'adresse de boucle (127.0.0.1), représentant votre ordinateur :

  ```
  ping -t 127.0.0.1
  ```

- `ping` sur les adresses IP des ordinateurs du réseau, par exemple :

  ```
  ping -t 192.168.0.3
  ```

- `ping` sur les noms d'ordinateur, par exemple :

  ```
  ping -t Mickey
  ```

- `ping` sur l'ordinateur servant de passerelle sur le réseau local, c'est-à-dire l'ordinateur partageant sa connexion à

Internet. Par convention il possède généralement l'adresse 192.168.0.1 :

```
ping -t 192.168.0.1
```

- `ping` sur la passerelle du fournisseur d'accès. L'adresse de la passerelle du fournisseur d'accès peut être récupérée grâce à la commande `ipconfig` sur l'ordinateur servant de passerelle sur le réseau local.
- `ping` sur les serveurs de noms du fournisseur d'accès[1]. L'adresse des serveurs DNS du fournisseur d'accès peut être récupérée grâce à la commande `ipconfig` sur l'ordinateur servant de passerelle sur le réseau local.
- ping sur une machine du réseau Internet, par exemple :

```
ping -t 193.19.219.210
```

- ping sur un nom de domaine, par exemple :

```
ping -t www.commentcamarche.net
```

À savoir

Si tout cela fonctionne, votre réseau est apte à être utilisé !

Traceroute

Traceroute est un outil de diagnostic des réseaux, présents sur la plupart des systèmes d'exploitation, permettant de déterminer le chemin suivi par un paquet. La commande `traceroute` permet ainsi de dresser une cartographie des routeurs présents entre une machine source et une machine cible. Elle diffère selon les systèmes d'exploitation :

- Sous les systèmes Unix/Linux, la commande `traceroute` est la suivante :

1. Voir la liste des serveurs de noms des principaux fournisseurs d'accès : *http://www.commentcamarche.net/faq/sujet-1496-fai-serveurs-dns-des-principaux-fournisseurs-d-acces*

```
traceroute nom.de.la.machine
```

- Sous les systèmes Windows, la commande `traceroute` est la suivante :

```
tracert nom.de.la.machine
```

Sortie d'une commande `traceroute`

La commande `traceroute` fournit une sortie décrivant les noms et adresses IP des routeurs successifs, précédés d'un numéro d'ordre et du temps de réponse minimum, moyen et maximum :

```
Détermination de l'itinéraire
vers www.commentcamarche.net [163.5.255.85]
avec un maximum de 30 sauts :

  1    33 ms    32 ms    33 ms  raspail-2-81-57-234-
                              254.fbx.proxad.net [81.57.234.254]
  2    33 ms    33 ms    33 ms  vlq-6k-2-a5.routers.proxad.net
                                                  [213.228.4.254]
  3    33 ms    33 ms    33 ms  vlq-6k 2-v802.intf.
                               routers.proxad.net [212.27.50.46]
  4    33 ms    33 ms    33 ms  th1-6k-2-v806.intf.routers.
                                     proxad.net [212.27.50.41]
  5    32 ms    34 ms    34 ms  cbv-6k-2-v802.intf.
                               routers.proxad.net [212.27.50.34]
  6    34 ms    32 ms    33 ms  ldc-6k-1-a0.routers.proxad.net
                                                  [213.228.15.67]
  7   35 ms    35 ms    35 ms  cogent.FreeIX.net [213.228.3.187]
  8    36 ms    36 ms    35 ms  NeufTelecom.demarc.cogentco.com
                                                  [130.117.16.22]
  9    36 ms    36 ms    36 ms  V3994.c1cbv.gaoland.net
                                                 [212.94.162.209]
 10    34 ms    34 ms    35 ms  V4080.core3.cbv.gaoland.net
                                                 [212.94.161.129]
 11    36 ms    35 ms    37 ms  212.94.164.210
 12    36 ms    36 ms    36 ms  nestor.commentcamarche.org
                                                   [163.5.255.85]

Itinéraire déterminé.
```

Fonctionnement de Traceroute

`traceroute` appuie son fonctionnement sur le champ TTL des paquets IP. En effet chaque paquet IP possède un champ durée de vie (TTL, *Time To Live*) décrémenté à chaque passage d'un routeur. Lorsque ce champ arrive à zéro, le routeur, considérant que le paquet tourne en boucle, détruit ce paquet et envoie une notification ICMP à l'expéditeur.

Ainsi, `traceroute` envoie des paquets à un port UDP non privilégié, réputé non utilisé (le port 33434 par défaut) avec un TTL valant 1. Le premier routeur rencontré va supprimer le paquet et renvoyer un paquet ICMP donnant notamment l'adresse IP du routeur ainsi que le temps de propagation en boucle. `traceroute` va ainsi incrémenter séquentiellement le champ durée de vie, de manière à obtenir une réponse de chacun des routeurs sur le chemin, jusqu'à obtenir une réponse *port ICMP non atteignable* (*ICMP port unreachable*) de la part de la machine cible.

Netstat

Netstat est un outil permettant de connaître les connexions TCP actives sur la machine sur laquelle la commande est activée et ainsi lister l'ensemble des ports TCP et UDP ouverts sur l'ordinateur. La commande `netstat` permet également d'obtenir des statistiques sur un certain nombre de protocoles (Ethernet, IPv4, TCP, UDP, ICMP et IPv6).

Utilisée sans aucun argument, la commande `netstat` affiche l'ensemble des connexions ouvertes par la machine. Elle possède un certain nombre de paramètres optionnels, sa syntaxe est la suivante :

```
netstat [-a] [-e] [-n] [-o] [-s] [-p PROTO] [-r] [intervalle]
```

- Utilisée avec l'argument `-a`, `netstat` affiche l'ensemble des connexions et des ports en écoute sur la machine.
- Utilisée avec l'argument `-e`, `netstat` affiche les statistiques Ethernet.
- Utilisée avec l'argument `-n`, `netstat` affiche les adresses et les numéros de port en format numérique, sans résolution de noms.

- Utilisée avec l'argument `-o`, `netstat` détaille le numéro du processus associé à la connexion.
- Utilisée avec l'argument `-p` suivi du nom du protocole (TCP, UDP ou IP), `netstat` affiche les informations demandées concernant le protocole spécifié.
- Utilisée avec l'argument `-r`, `netstat` permet d'afficher la table de routage.
- Utilisée avec l'argument `-s`, `netstat` affiche les statistiques détaillées par protocole.
- Enfin un intervalle optionnel permet de déterminer la période de rafraîchissement des informations, en secondes. Par défaut ce paramètre vaut 1 seconde.

FTP

FTP (*File Transfer Protocol*) est un protocole, c'est-à-dire un langage standard de communication entre deux machines, permettant à des machines de types différents (ou dont le système d'exploitation est différent) de transférer des fichiers sur un réseau fonctionnant sous TCP/IP.

FTP fonctionne dans un environnement client/serveur, c'est-à-dire que la machine distante est configurée en serveur et par conséquent attend qu'une machine lui demande un service. Sous Unix, le service est fourni par ce que l'on appelle un **démon**, une petite tâche qui fonctionne en arrière-plan. Le démon FTP s'appelle **ftpd**.

Les logiciels clients sont nombreux, certains sont en ligne de commande (par exemple la commande `ftp`, implémentée en standard sous de nombreux systèmes d'exploitation), mais une grande majorité permettent de manipuler des fichiers sous une interface graphique, rendant les transferts de fichiers plus conviviaux.

FTP permet d'échanger **un fichier à la fois**, dans les deux sens entre la machine client (celle qui a initié la connexion, donc la machine appelante) et la machine serveur (celle qui fournit le service FTP, donc la machine appelée). FTP permet aussi d'autres actions telles que la création et la suppression de répertoires (à condition qu'il soit vide), le listage des fichiers, la suppression et le renommage de fichiers, etc.

Démarrage d'une session FTP

La commande ftp est disponible en standard sous diverses plates-formes, dont Unix, Windows et Linux. La commande permettant d'initier une session FTP est généralement la suivante :

```
ftp nom_du_serveur
```

nom_du_serveur représente le nom ou l'adresse IP de la machine distante à laquelle on désire se connecter. Il faut bien évidemment que la machine cible dispose d'un service FTP.

Lors de l'initialisation de la connexion, un certain nombre de lignes de texte apparaît à l'écran. La première ligne signale que vous êtes connecté à un serveur FTP, les lignes suivantes constituent un message de bienvenue, pouvant indiquer le type de site FTP dont il s'agit (i.e quel genre de fichiers il héberge ou l'organisme auquel il appartient), ou bien des recommandations pour les utilisateurs.

Sous FTP, chaque ligne commence par un numéro indiquant un code relatif à un échec ou une réussite. Dans le cas du message de bienvenue, la ligne est par exemple précédée du nombre 220, qui signifie que *le service est prêt pour le nouvel utilisateur*.

Le serveur vous demande de saisir votre nom d'utilisateur (*login* ou *identifiant*), afin de définir des privilèges d'accès (comme le droit d'écriture ou de lecture). Après validation, une ligne commençant par le nombre 331 vous invite à saisir votre mot de passe (*password*), celui-ci est masqué, c'est-à-dire qu'il n'apparaît pas à l'écran.

Il se peut que le serveur soit public, auquel cas l'accès peut se faire anonymement, il faudra donc rentrer comme *login* : « anonymous ». La coutume veut, pour les serveurs publics, que l'utilisateur saisisse comme mot de passe son adresse de courrier électronique, mais vous pouvez rentrer celui de votre choix.

Lors de la validation du mot de passe, un message indiquera si la connexion a été établie ou non, auquel cas les raisons seront données (le site peut par exemple avoir atteint sa limite supérieure en terme d'utilisateur, dans ce cas le message *No more user access allowed* apparaît). Une fois connecté le site FTP attend de la part de l'utilisateur des commandes décrivant les actions à effectuer.

Commandes FTP

Commande	Description
`help`	Affiche l'ensemble des commandes supportées par le serveur FTP.
`status`	Permet de connaître certains paramètres de la machine cliente.
`binary`	Cette commande vous fait basculer du mode `ascii` (envoi de documents textes) au mode `binary` (envoi de fichiers en mode binaire, c'est-à-dire pour les fichiers non texte, comme des images ou des programmes).
`ascii`	Bascule du mode binary au mode `ascii`. Ce mode est le mode par défaut.
`type`	Permet d'afficher le mode courant de transfert (`binary` ou `ascii`).
`user`	Permet de réouvrir une session sur le site FTP en cours avec un nom d'utilisateur différent. Un nouveau mot de passe sera alors demandé
`ls`	Permet de lister les fichiers présents dans le répertoire courant. La commande `ls -l` donne des informations supplémentaires sur les fichiers.
`pwd`	Affiche le nom complet du répertoire courant.
`cd`	Cette commande signifie *change directory*, elle permet de changer le répertoire courant. La commande `cd ..` permet d'accéder au répertoire de niveau supérieur.
`mkdir`	La commande `mkdir` (sous Unix, ou `md` sous système Microsoft) permet de créer un répertoire dans le répertoire courant. L'utilisation de cette commande est réservée aux utilisateurs ayant un accès le permettant.
`rmdir`	La commande `rmdir` (sous Unix, ou `rd` sous système Microsoft) permet de supprimer un répertoire dans le répertoire courant. L'utilisation de cette commande est réservée aux utilisateurs ayant un accès le permettant.

Commande	Description
`get`	Cette commande permet de récupérer un fichier présent sur le serveur.Si la commande est suivie d'un nom de fichier, le fichier distant est transféré sur la machine locale dans le répertoire local en cours. Si la commande est suivie de deux noms de fichiers, le fichier distant (le premier nom) est transféré sur la machine locale dans le répertoire local en cours, avec le nom de fichier précisé (le deuxième nom). Si jamais le nom de fichier contient des espaces il faut veiller à le saisir entre guillemets.
`put`	Cette commande permet d'envoyer un fichier local sur le serveur. Si la commande est suivie d'un nom de fichier, le fichier local est transféré sur le serveur dans le répertoire distant en cours. Si la commande est suivie de deux noms de fichiers, le fichier local (le premier nom) est transféré sur le serveur dans le répertoire distant en cours, avec le nom de fichier précisé (le deuxième nom). Si jamais le nom de fichier contient des espaces il faut veiller à le saisir entre guillemet.
`open`	Ferme la session en cours et ouvre une nouvelle session sur un autre serveur FTP.
`close`	Ferme la session en cours, en laissant le logiciel FTP client actif.
`bye`	Déconnecte le logiciel client du serveur FTP et le met en état inactif.
`quit`	Déconnecte le logiciel client du serveur FTP et le met en état inactif.

VNC

VNC (*Virtual Network Computing*) est un outil initialement développé par les laboratoires AT&T de Cambridge permettant d'utiliser visuellement un ordinateur distant à travers Internet. C'est un programme client/serveur permettant (grâce à un client VNC) de voir et de contrôler un système distant sur lequel un serveur VNC est lancé. Il existe des clients et des serveurs VNC pour une vaste gamme de plates-formes (Windows, Mac OS, Unix, Linux, etc.), si bien qu'il est possible, à partir d'un client fonctionnant sous Windows, de prendre la main sur des machines fonctionnant avec d'autres systèmes d'exploitation.

Les **domaines d'utilisation** de VNC sont très vastes : administration de machines à distance, tutorat électronique, plates-formes d'assistance (*help-desk*, *hotline*).

Index

B

C

D

E

F

G

H

I

J

L

M

N

O

P

Q

R

S

T

U

V

W

X/Z

050277 - (I) - (4) - OSB 100° - 2ID-CDD
Dépôt légal : Septembre 2006
Imprimerie CHIRAT - 42540 Saint-Just-la-Pendue
N° 1917

Imprimé en France